乔兆红 / 编

中国与世界：70年的历程

第八届世界中国学论坛实录

CHINA AND THE WORLD: PROGRESSING TOGETHER OVER 70 YEARS

Record of The 8th World Forum on China Studies

上海社会科学院出版社

世界中国学系列丛书

总　　序

周　武

中国学研究脱胎于汉学，在西方语境中曾经是一门无足轻重的边缘性学科，但近四十多年来，伴随着改革开放的推进，中国快速从一个地理的大国和平发展而为经济的大国、政治的大国和文化的大国，无论从何种角度看，中国都已是一个无法忽视的巨大存在。正因为如此，世界比以往任何时候都更加需要关注中国，中国也比以往任何时候都更加需要关注世界，中国与世界、世界与中国，从来没有像当今这样深度地交织在一起。这种交织，使海外中国研究开始从边缘走向中心，步入它真正意义上的繁荣时期，越来越多的国家及其学者参与到中国研究中来，研究广度与深度不断拓展，可以说，中国研究已日益显示出它的世界性。

作为一门了解和认识中国的独立学科，无论是以研究中国古典文化为主的汉学，还是以研究现当代中国为主的中国学，都以中国为对象，都以深化对中国的认识和理解为目标。然而，世界各国的中国研究植根于各自的精神传统，各有自己的学术语境和学脉传承谱系，因此，不同时代、不同国家的汉学家或中国学家，以及汉学家与汉学家、中国学家与中国学家之间，关注点和切入点不可能完全相同，对中国的认识和理解往往存在明显差异，不免互为“他者”，各说各话。就中外学术交往而言，尤其如此。由于受全球冷战、意识形态至上的影响，1949 年以后中外学术交往举步维艰，到 1950 年代末以后更几乎中断，中国学者出不去，外国学者当然也进不来。这种人为的悬隔之局曾给中外学界带来了无限的怅惘。中国学人自然无从接触和了解海外学术界的研究动态，域外学界，即使是专门从事中国研究的学人也无法像他们的前辈一样亲自踏足中国，只能通过中国香港和台湾地区，甚至是日本等有限的渠道来了解中国。尽管这种状况到 1970 年代末中国门户重开之后已发生了根本性的变化，中外学术交往逐渐重回正轨，曾经“相互隔离的两个世界已经变得不那么隔离了”(柯文语)，但在既有的基础上构建更稳固且更具成效的本土与海外中国研究学者的交流与对话平台，并借助这种交流与对话，一方面逐步破除海外中国学研究无所不在的“西方中心论”和近年来逐渐流行的“中国中心论”的认知迷思，在学理上重构世界的中国形象；另一方面揽镜自鉴，为本土的中国研究提供更深广的“他者”视角，并借此反观自身以获取自知之明，不但必要，而且紧迫。

正是在这种背景下，2004年由上海社会科学院创设的世界中国学论坛应运而生，论坛每两年在上海举办一次，旨在为世界各地的中国学家提供一个面对面交流与对话的高端学术平台，论坛会标取《周易》中的同人卦，表达的就是中国与世界交流互鉴、融汇发展的愿望，希望通过这个常设的论坛，在中国与世界之间架设一座彼此沟通、相互借鉴的桥梁，让世界更好地了解中国，也让中国更深入地了解世界，进而推动全球范围内的中国研究向纵深方向发展。这样的旨趣因其契合海内外中国研究学界的迫切需要而受到广泛认同，因此每届论坛都得到世界各国中国学家的积极响应和鼎力支持，迄今为止已有超过100个国家和地区的学者先后参加过论坛，这些学者遍及全球，除了来自欧美、日本等传统中国研究大国外，也有相当比例来自拉美、非洲、中西亚等地。其中既有享誉国际的中国学大家、资深学者，也有刚冒尖的新生代“中国通”，可谓少长咸集，共同就中国研究的热点问题和核心议题展开面对面的交流。这是一个开放、包容、共享的高端学术平台，不同的观点在这里争鸣，不同的思想在这里交锋，不同的文明在这里对话，并在这种争鸣、交锋和对话中，深化彼此对中国的认识和理解。

为了进一步强化论坛的国际影响力和学术外宣品牌功能，2010年起，世界中国学论坛正式升格为国家级的国际学术交流平台，不再由上海市人民政府单独主办，改为国务院新闻办公室和上海市人民政府共同主办，上海社会科学院和上海市人民政府新闻办公室联合承办。配合论坛的升格，世界中国学论坛开始在更高的层面上逐步健全和完善组织架构：一、重组论坛组织委员会、学术委员会、顾问、秘书处，并在秘书处下设世界中国学论坛办公室，负责论坛的日常事务；二、设立世界中国学贡献奖，与论坛同步，每两年评选一次，每届评出2—4位毕生从事中国研究并取得卓越成就的海外中国学大家；三、创办《中国学》集刊和《世界中国学论坛专报》，前者集中发表海内外中国学研究的最新成果，后者主要刊发与会专家学者关于中国改革和发展的意见建议；四、设立世界中国学研究所，作为论坛常设的实体性研究机构。2012年3月，世界中国学研究所经中共上海市委、市政府批准正式成立，并确立两大中心任务：一是为论坛提供学术支撑；二是推进世界中国学的学科化和学科建设。研究所下设中国学史、历史中国、当代中国、中国与世界、上海与江南等研究室，已初步形成世界中国学的学科架构与学科团队。以此为基础，中国学研究所还相继设立了世界中国学博士研究方向和世界中国学硕士学位点，并于 2018 年开始招收和培养博士生和硕士生；同时承办国家文化与旅游部项目“青年汉学家研修计划（上海班）”，助力世界各国中国研究后备力量的成长。

世界中国学论坛自 2004 年创办以来已经连续举办七届，前四届论坛分别以“和而不同”“和谐和平”“和衷共济”“合和共生”为主题，着重研讨中国文化传统精神及其当代价值。自第五届起，更加突出现当代中国，分别以“中国现代化：道路与前景”“中国改革，世界机遇”“新时代的中国”为主题，聚焦中国道路，以及中国发展的世界意义等重大问题。另外，从 2015 年起，世界中国学论坛还创办每年一届的海外分论坛，先后在美国、韩国、德国和阿根廷等国成功举办美国分论坛、东亚分论坛、欧洲分论坛和拉美分论坛，受到举办地所在国的广泛关注。

本系列丛书的推出，是对过去七届世界中国学论坛和四届海外分论坛成果的集中展示，也是对世界中国学学科愿景的一次展望。第一辑共 4 种：《新时代的中国》系第七届世界中国学论坛的实录；《世界的中国》是《中国学》学术集刊创刊至第七辑的专题精选集，并酌情收录世界中国学研究所同仁若干最新研究成果；《论中国》为历届世界中国学论坛和海外分论坛大会演讲集；《中国研究热》是历届世界中国学论坛中外主流媒体相关报道的选辑。这只是一个开始，今后我们还将一辑一辑编下去，从学术上见证世界中国学论坛本身的发展和世界中国学学科建设的进展，以及中国研究在全球兴起并一步步走向繁盛的历史。

世界中国学是一门方兴未艾的学科，也是一门内涵极其浩瀚深广的学问。因其方兴未艾，所以可以开拓的研究空间巨大；因其浩瀚深广，所以不是任何一个机构或个人所能穷尽。竭诚欢迎海内外中国学研究同行和我们一道，合力把这套丛书编好出好，为这门以中国为对象的浩博学科奠定更深厚的学理基础。

2019 年 6 月 3 日

目　　录

导论

全球视野下的中国：中国对于世界意味着什么？

乔兆红

全球史观强调世界各地区之间是一个彼此联系的有机体，主张把个别地区的历史发展放置到全球历史的大背景中进行考察，从而将全球层面发生的各种事件和进程联系起来。所谓“全球视野下的中国”，就是研究对象虽然是中国，但其问题却是全球的。也就是说，问题意识与学术关怀虽具有全球的普遍意义，但研究对象却指向中国。

一、中国对于世界意味着：中国是个故事，回顾以前行

2015 年 8 月 23—29 日，国际历史科学大会第一次走进亚洲在中国成功举办，这对于中国的历史科学来说具有标志性意义。本届大会首次创新，在会议主议题中设置了中国议题“全球视野下的中国”，让海内外学者从“全球视角”而非“中国视角”来共同探讨中国的地位与作用，有效促进了两种视角的交融。国际历史科学大会首位“积家历史学奖”获奖学者塞尔日・格鲁津斯基指出：“在西方的历史教育中，他们对中国知之甚少。对中国历史知之甚少，会造成非常危险的误读。在西方人的教育经验中，很少涉及中国历史，因此可能做出表面的解读。”

在中国外交政策渊源、中国与全球化互动等问题上，别国学者尚未身处中国历史语境来研究中国历史。必须跨越边界来理解不同的文化、意识形态以及研究方法，展开合作。

没有回顾何以前行？由于缺乏对于对方历史文化传统的深入了解，在更多的知识体系碰撞的时候，呈现出来的身份和论述策略都会不同。既缺乏对中国历史文化的理解，又缺乏对中国现实情况的分析，表明海外“中国通”们距离读懂中国还有很长的路要走。对于政治学家而言，没有对早期政治发展脉络的深刻理解，要来回答关于当代中国政治的一些最为紧要的问题，即便不是不可能，也是相当困难的。

从“二战”结束至今，日本从未停止对中国的研究。即使在中日断交的27年时间内，日本也没有停留对中国的关注。但被27年断交引起的双边认识悬隔出乎意外的深广。在互相认识上带来了想象贫困以及人文知识的日益枯竭。日本研究中国问题的著名专家马场公彦指出：“我们应该直视现实中国可渐渐超过迄今为止的处理水平的存在。中国逐渐化为只靠从来的方法论或先行学术业绩而无法解密的又巨大又复杂的客体，只用建国后这60多年间积累下来的经验上的知识或以专向中华人民共和国适用的目的而讲究来的结构公式，已经成为怎么也找不到解答的情形。”

日本学者小岛朋之在其著作《中国学实况》中指出，从世界的角度看，中国是个既普通又特殊的国家，是人口众多、有数千年文明史的发展中国家，现代化是它努力奋斗的目标，而且这一目标要在社会主义的框架内实现。只有将这几点结合起来，才能理解当代中国所发生的一切。中国社会的巨变，也使国外学者不得不转变立场，承认并尊重中国发展的事实，探讨“中国道路”的合理性。诺贝尔经济学奖得主、《纽约时报》著名专栏作家保罗·克鲁格曼被人称为坚持“唱衰”中国立场的学者，最近也不得不承认自己对中国认识的偏颇，他自嘲地说：“我讲的很多东西都是听别人说的。”

二、中国对于世界意味着：中国的发展关乎世界格局的变化，具有世界性意义

近期日本政府支持的重大研究课题为“当代中国的跨学科研究——如何把握新的大国”。该课题由8个研究机构协同合力进行，从政治、经济、外交、环境等各个角度，对现代中国进行立体分析。该课题论证时的开头语中指出，开展这样的课题，是因为中国已经成为世界第二大经济体，中国的发展对世界和亚

洲格局都会带来变化。了解变化中的中国对世界格局以及亚洲格局的影响，是目前日本政府和学界大力开展中国研究的真正动力。

英国学者马丁·雅克的《当中国统治世界》、俄罗斯学者卢金的《俄国熊看中国龙》、西班牙记者卡德诺和阿罗约的《中国悄悄占领全世界》，均反映的是外国学者对中国今后走向的分析。哈佛大学中国问题专家柯伟林教授指出，中国正处于历史发展的最佳战略机遇期，21 世纪将是"中国世纪"，但是，"这个世纪里并不只有中国"。

当前，世界经济形势的不确定性上升，有效化解风险挑战，迫切需要社会各界以全球视野，加强对当代世界发展新特征、新趋势的战略研究，为世界和平发展提供理论支持和决策依据。关注十八大以来世界对中国的认知，促使我们有可能在固有的视域之外窥视到自身的盲点，有助于深化我们对自身所处国家的认识，同时，研究方法与研究范式上的差异，也有助于我们观察和掌握不同文明视角下的内在逻辑。因此，以中国道路为研究基础，促进中国与世界的互动，从这种认识上的互补，解读当代中国与世界的多层意义，有助于与当代全球体系达成一种良性互馈。

三、中国对于世界意味着：让中国真正成为世界的一分子

中国学界对中国历史发展图景的解释，从 20 世纪 30 年代社会史论战以来，也逐步转向了强调外力因素作用的轨道。20 世纪初，梁启超在《新史学》中首次提出"国民史"的概念，认为对中国历史的解释应是激发国民意识的工具。梁启超观点的重要贡献就是把中国历史首次置入世界历史发展的格局之中加以重新定位。他首次承认，中国历史只不过是世界历史发展流程的组成部分，而不是独立自主的文化实体，同时也承认对历史的解释不是一种文化秩序意义上的朝代循环和复古式的人类退化过程的分析，而是与世界其他文明特别是西方文明发展相关的一种具体表现，这在一定程度上构建了中国的自身话语。然而梁启超心目中的中国历史一旦从一种"地方时间"纳入"世界时间"的流程，也面临一个巨大的心理转变，这种心理压力一定程度上又限制了中国话语的发展和发挥。

20 世纪 20 年代，从杜维到美国名记者索克思，以及访华的社会学家狄雷，

都曾责备中国读书人没有尽到知识分子应尽的“社会良心”之责。这一时期前后,国内知识界也对这一问题给予了关注,避免“空谈”、注重“实行”的风气逐渐凸显。一批开时代风气之先的学者开始认识到将“纯粹”的学问投注于关照社会现实、社会进步的重要意义并身体力行。

这里有学者的自觉努力。在世界大潮下,转而注重中国的实际,既有外患压境急于寻求出路的因素,更有知识分子对追随西方历程的反思。

晚清以来,向西方学习,成为中国思想界的一个显著特征。在谈到民主与独裁的论战时,有人指出,中国人的思想,“有如钟摆一般的动摇不定俯仰由人”。“从前欧美崇尚民治,我们也就主张民治;如今欧美发生了独裁,我们也要效法独裁。这正足以证明效颦的东施,缺乏卓然自立的精神与能力。我们的思想界太随波逐流了。”即使学术也不例外。

但既有研究表明,事实上,当时的中国思想界已开始对追随西潮的历程进行反思。早在 1930 年就有人提出,如何使中国“别出机枢,卓然有以自立”,应当成为中国“社会科学者”努力的方向。伴随着世界大潮与中国自身的遭遇,类似的倡议在 20 世纪 30 年代不绝于耳。当时一部分知识人已清醒地认识到晚清以来“尊西崇新”的思想潮流,并试图予以修正:由原来参照西洋,思考“应如何”,而变为立足历史人情,探讨“能够如何”;由追求理想而变为改造现实。最显明者,由高唱“世界”而改为呼唤“中国”。

学界呼唤,“让中国在内的所有国度真正成为世界的一分子”。只有欧美以外更多的国家走上发达之路,包括中国在内的所有国度真正成为世界的一分子,而且所有人的世界观都覆盖整个世界,世界也不再是洋的变形,世界变成平的,地球才会是圆的。这应该就是真正的全球化。到那时,人类命运共同体可望真正实现。

开幕式致辞

中共上海市委书记李强致辞

尊敬的黄坤明部长，尊敬的伊日·帕鲁贝克先生，尊敬的各位嘉宾，女士们、先生们，大家下午好！

很高兴今天在美丽的黄浦江畔与大家相遇、相聚。首先我谨代表中共上海市委、市人民政府对各位嘉宾的到来表示热烈的欢迎！对大家长期以来给予上海的关心和支持表示衷心的感谢！

本次论坛的主题定为"中国与世界：70 年的历程"，我感到特别有意义。下个月，我们将迎来中华人民共和国 70 周年华诞。70 年，无论是在人类历史的长河中还是在中华民族的发展史上都不算长。但这 70 年却深刻地改变了中华民族，改变了中国人民的命运。70 年的辉煌历程，中国以惊人一跳的历史性跨越创造了举世瞩目的中国奇迹。这几年，我经常会选择我们这个会场对岸的外滩边上的宾馆接待来自世界各地的外宾，让很多外宾在外滩看看对岸，看看陆家嘴，看看浦东，我们现在这个会场所在地叫浦东新区。29 年前，中央政府决定开发开放浦东，那时候这里是一片农田。29 年之后，这里已经成为高楼林立的现代化新城。我们这个会场的南边有一个大厦——上海中心大厦，一栋楼的建筑面积就超过了我们对岸外滩上第一立面所有面积之和，因此我们常常把上海中心称之为竖起来的外滩。1990 年中央决定开发开放浦东的时候，整个浦东地区的经济总量只有 60 亿元人民币，去年浦东新区的经济总量已经超过了一万亿元人民币，可以说浦东的开发开放成功实践，在一定程度上深刻回答了马克思主义为什么行，中国共产党为什么能，中国特色社会主义为什么好等问题。诠释了中国理念、中国方案，在通往现代化道路上的世界价值。对于中国发展的奇迹，人们往往从不同的角度给出很多的解释。比如人口红利、改革红利、规模优势、市场经济，等等，这些解释都有一定的道理，但我认为都不是最根本的原因。我感到对于中国奇迹起决定性作用的是中国共产党和社会主义中国所拥有的独特的政治优势。一是科学理论的引领性，以崇高的政治理想筑牢团结奋斗的思想基础，与时俱进推进马克思主义中国化。二是积极奋斗的长远性，咬定目标不放松，一任接着一任干。三是集中精力办大事的高效性，决策高效，行动有力，具有极其强大的社会动员能力和资源整合能力。四是不动摇、不懈怠、不折腾的稳定性，聚精会神搞建设，一心一意谋发展。五是执政的人民性，真正坚持以人民为中心的发展思想。六是团结的广泛性，有事好商量，能够求得最大公约数，画出最大同心圆。七是选贤任能的科学性，能够让优秀的领导人才不断成才。八是中国共产党的领导力，确保党和国家各项事业沿着正确方向前进，同时勇于以自我革命的精神加强共产党的自身建设，永葆党的生机和活力。这八个方面的优势使国家的发展动力更足，百姓的收获感更强，也必将为构建人类命运共同体创造更多机会，作出更大的贡献。

我们中国有着悠久的历史，灿烂的文化，独特的国情，中华文明是人类四大文明中唯一没有中断过的文明。要研究中国、理解中国，关键要找到中华文明的根、掌握中华文明的核，中华文明是在同其他文明不断交流互鉴中形成的一个开放体系。“亲仁善邻，协和万邦”是中华文明一贯的处事之道。“惠民、利民、安民、护民”是中华文明的最鲜明的价值导向。“革故鼎新，与时俱进”是中华文明永恒的精神气质。“道法自然，天人合一”是中华文明内在的生存理念。

回顾新中国 70 年的奋斗历程，当代中国的全部理论和实践以及由此形成的中国道路、中国立场、中国智慧、中国价值无一不深深扎根于这些价值理念中，并在中国人民长期奋斗中越来越展现出蓬勃的生命力。正是因为吸吮着中华民族的文化养分，中国人民走自己的路才具有无比广阔的舞台，具有无比深厚的文化底蕴。上海的发展是中国发展进步的生动缩影，也是世界观察和研究中国的重要窗口。刚才黄坤明部长在会见参加这次论坛主要嘉宾的时候特别讲到邀请各位能多到上海来走一走、看一看，研究上海，研究上海就是研究中国。习近平总书记对上海的一以贯之的要求就是希望上海当好全国改革开放的排头兵，创新发展的先行者。党的十九大以来，我们深入贯彻习近平总书记的重要指示要求，坚持面向全球，面向未来，对标最高标准、最好水平的发展要求，加快建设国际经济、金融、贸易、航运、科技创新五个中心，全力打响上海服务、上海制造、上海购物、上海文化四大品牌，着力推动高质量发展，创造高品质生活，不断提升城市能级和核心竞争力，上海各项事业发展都取得了新成就。

当前，上海正站在一个新的历史起点上，我们将坚定不移推动改革开放再出发，并进一步弘扬上海开放、创新、包容的城市品格，努力当好全国改革开放的排头兵，创新发展的先行者，奋力创造新时代上海发展的新传奇，为中国方案、中国奇迹作出更大的贡献。

各位来宾，朋友们，伟大实践孕育着伟大的理论，伟大的理论推动着伟大的实践。今天的中国、今天的上海更加愿意聆听智者的声音，希望大家围绕本次论坛的主题，发表更多的真知灼见，碰撞出更多的思想火花，为中国、为上海新时代、新发展贡献更多的智慧和力量。

预祝本次论坛圆满成功。谢谢各位！

大会演讲

“一带一路”倡议有助于发展世界经济

捷克共和国前总理　伊日·帕鲁贝克

尊敬的嘉宾们，女士们、先生们，亲爱的朋友们，在我担任捷克共和国总理期间，在2005年夏季我第一次飞到了中国会见中国最高领导人。当时我对中国的了解仅仅限于我找到的书籍和一些统计数字而已。在那次访问中我们两国领导人同意了要加强两国的经济合作伙伴关系，然而我领导的政府在2006年下半年解散之后，随后的政府直到2013年都没有把握和中国广泛合作的机会。好在2014年之后的捷克政府，按照中捷协作精神，努力扩大两国的经济合作，这也让我们两国人民感到非常欣慰。从此两国的经济发展有所改良。

我再次访问中国是在2007年的时候，作为最大的反对党领袖来访华。当时，我记得中国的经济每年增长9%，按照这一国内的生产总值的增长速度来说，中国的社会财富两年就可以增长近五分之一，而且看起来几乎每年的情况都如此。2016年以后我又数次访问中国，同时也参加了以“一带一路”项目为主题的大会和论坛。自从1978年开始，中国最高领导人邓小平开启了全社会改革，特别是经济改革的事业，中华人民共和国因此踏上了一条惊人的发展道路。在过去的40年，中国的经济以难以置信的速度不断增长，从而也带动了世界各国的经济增长，中国经济的成功、人民生活水平的提高都令中国发展道路受到非西方国家的青睐。

过去40年中国的成功是由多重因素组成的一个综合结果，其中就包括一个具有竞争活力的经济，国家的规划以及干预，还有私营企业活动，庞大自律的劳工队伍，大规模的外来投资和本土投资。现在在中国这一发展阶段，追求的目标已不仅仅包括经济增长，还需要大力改造经济结构，比如限制对环境造成负面影响的重工产品生产，同时还需要打造高科技部门，注重绿色经济发展，并且不断地促进国内服务以及消费的成长。实际上不仅仅中国，还有很多西方国家都意识到了，目前我们正处在一个经济转折的关头。在技术领域，人工智能、机器人等领域都促成了一场真正的技术革命，而社会也已经打开了去中心化的大门。当地的循环经济也在更大幅度地介入进来,而我们总体的经济同时需要改变短期逐利行为,并且更多地去关注社会发展以及环境保护这样的公益问题。我相信,西方国家和中国在此方面其实已经得出了同样的结论。在我自己的国家,并不是每个人都能够客观地看待习近平主席在2013年提出的倡议。我对于"一带一路"倡议的看法就是它有助于在未来很长时间内保障世界可持续的经济发展。当然,中国自然也会去追求自身的战略目标。为了实现"一带一路"项目,中国政府最初向丝路基金划拨了数百亿美元,未来还要动用一万亿美元。这一巨大的工程确实是一个世界级的设想,它怀有一系列雄心勃勃的目标,这个工程来力图维持中国的经济高增长速度,并把这样的一种活力转移给中亚、南亚、东非、地中海,然后也会转向欧洲。所以借助"一带一路"倡议而开放中国,特别是加强与亚非拉的经济伙伴关系,可以帮助中国化解与美国贸易战而受到的冲击。这也是对很多国家的经济发展有利的,比如说对于我的国家的发展也是非常有利的,也有助于提高人民的生活水平。

我们目前生活在一个有趣的时代,欧洲的政治精英现在主要感兴趣的是英国议会当中的动态发展,那里正在繁忙地处理着英国脱欧的问题,它的精彩程度不亚于足球加时赛的最后时刻。欧盟27个成员国现在感兴趣的主要是如何最大限度地减少英国脱欧对于自身经济产生的负面影响,而整个全世界也在拭目以待,看看中国和美国之间的贸易谈判,之后是更多地关注美国和欧盟之间的贸易谈判的最终结局。捷克经济的特点也是向德国出口,我们的利益也在于维持一个不被分割的世界,不要让关税壁垒、行政措施以及其他障碍限制自由贸易,所以说我们的贸易其实也和德国的经济有相同的特点,都是关注于出口。目前我们正看到一个新的世界经济和政治秩序在形成。

女士们、先生们,中国在过去的很多年取得了前所未有的巨大的进步,中华人民共和国其实已经从一个落后的、工业活动极少的农业国变成了一个非常强大的经济体,而这个经济体在几年以后也将成为世界上最大的经济体。在某些技术领域,中国实际上已经超越了西方世界最强大的经济体。

最后,我要强调的是西方发展模式和中国发展模式之间的和平共存完全不是问题。有一种观点认为,展现了强大生命力和成功的中国模式,它可能是第三世界某些国家值得去追随的榜样。我认为"一带一路"倡议有助于发展世界经济,并为世界的和平稳定作出巨大的贡献。

女士们、先生们,非常感谢你们的聆听。

中国与世界：携手共创美好未来

中共中央政治局委员、中央书记处书记、中央宣传部部长　黄坤明

尊敬的李强书记，尊敬的伊日·帕鲁贝克先生，尊敬的卜励德先生，尊敬的滨下武志先生，尊敬的施舟人先生，尊敬的杜维明先生，尊敬的各位朋友，非常高兴和各位朋友相聚在美丽的上海，美丽的黄浦江畔。

首先，我完全赞同刚才李强书记的高水平演讲。再过20天，中华人民共和国将迎来七十华诞。在这样一个特殊且重要的时间节点，各国朋友汇聚一堂，围绕着“中国与世界：70年的历程”这个主题探讨新中国70年与世界的互动关系，中国发展对世界的意义等重要议题，深入交流，分享智慧，具有不同寻常的意义。借此机会，首先我谨向远道而来的各位嘉宾表示热烈的欢迎！向长期以来关注中国、关心中国，为中国的建设和发展，为中国的改革开放作出重要贡献的各位朋友表示衷心的感谢和崇高的敬意！

这次论坛的举办地——上海，面向东方，滨海临江，是中国感知世界、联通世界的前沿。上世纪20年代前后，一批中国的进步青年从这里出发，远涉重洋，去更广阔的世界寻求救国救民的真理。周恩来、邓小平、陈毅等都曾在这里开启了追寻理想之旅。1921年，在离我们会场6公里外的黄浦江对面的石库门，中国共产党正式宣布成立，留下了中国共产党人奋斗的最初足迹。从新中国成立到新的时代，上海一直是中国建设与改革的先行地，也是中国人民了解和沟通外部世界的重要桥梁。可以说，这片土地记录和见证了中国共产党人的初心和使命，那就是为中国人民谋幸福，为中华民族谋复兴，为人类谋和平与发展。

这次论坛的主题是“中国与世界：70年的历程”，这个主题很好，很有意义。新中国成立70年来，中国共产党领导人民顽强拼搏、不懈奋斗、苦干实干，中华民族迎来了从站起来、富起来到强起来的伟大飞跃。中国不断发展壮大的过程也是拥抱世界、融入世界、贡献世界的过程。站在70年这个历史的交汇点上，我有一些深刻的感受在这里与各位朋友分享。

70 年来,中国人民和世界人民真诚相处,平等相待。新中国刚成立的时候,中国是世界上最贫穷落后的国家之一,满目萧条、百废待兴。中国共产党带领人民白手起家,团结一心,在艰难困苦中推进社会主义革命和建设,使得一穷二白的中国旧貌换新颜。站起来的新中国坚持独立自主,办好自己的事情。与此同时,积极为世界作贡献,提出"和平共处五项原则",成为发展国际关系的重要指导原则,到现在仍然具有强大的生命力。提出"三个世界划分"理论,无私地支持亚非拉人民争取民族解放和国家独立,旗帜鲜明地反对霸权主义和强权政治。我们也因此结交了一批志同道合的真朋友、铁哥们,我们不会忘记是非洲兄弟,是世界广大的正义力量支持我们进入联合国,我们也始终站在发展中国家,站在最大多数的人民一边,我们至今仍然是世界上最大的发展中国家。直到今天,这份友谊仍然是牢不可破,历久弥坚,我们非常珍惜。

70 年来,中国人民和世界人民风雨同舟、守望相助。中国人民从苦难当中走过来,因此最懂得贫穷落后、缺吃少穿的苦楚。新中国成立后,尽管我们自己的日子也捉襟见肘,但是还是愿意为那些过着苦日子的亚非拉兄弟不遗余力地提供帮助。上世纪 70 年代,中国援建的坦赞铁路至今还是东非平原上的一条交通大动脉,成为中非友谊的丰碑。70 年来,中国已经向近 170 个国家和国际组织提供了约 4 000 亿元人民币援助,派遣了 60 多万援助人员。许多人甚至将生命留在了异国他乡。其中,派出对非医疗援助人员 2.5 万人,为帮助非洲战胜疟疾困扰和埃博拉疫情作出了应有的贡献。我们也不会忘记在中国需要的时候,比如改变农村贫困面貌、抗击非典疫情、汶川抗震救灾等,包括新中国成立以来,我们众多国家的朋友、专家、工程师、教授对中国各方面给予的大力支持。世界人民向我们伸出了温暖而有力的援助之手。面向未来,中国愿意与各国继续风雨同舟,共同推动世界繁荣发展,共同消除许多国家民众依然面临的贫困落后,共同为全球的孩子们营造衣食无忧的生活环境。

70 年来,中国人民与世界人民互惠互利,合作共赢。历史的进程有多么波澜壮阔,它产生的影响就有多么广泛深远。改革开放是中国特别是当代中国最显著的特征,也是最壮丽的气象,深刻改变了中国的面貌,深刻影响着全球发展的格局和世界历史的走向。刚才李强书记非常深情和诚挚地介绍了我们开会的所在地——浦东的发展,无论是以前看过浦东的人还是现在站在这个地方的人,我想都会有一种情怀,都会有一些感动。中国近 14 亿人口从温饱不足走向全面小康,这本身是对世界的贡献。中国连续多年对世界经济增长的贡献率保持在 30%左右，成为强劲的动力源。中国提出的共商共建共享“一带一路”合作倡议是高水平的对外开放，也是更加务实有效的互利共赢。“一带一路”是我们的倡议，是中国的倡议，也是世界的合唱，经过 6 年来的不断努力，“一带一路”已经成为当今世界规模最大的合作平台，也是最受欢迎的全球发展战略。2013 年到 2018 年，中国和沿线国家的货物贸易进出口总额超过 6 万亿美元，占中国货物贸易总额比重达到 27.4%，共建“一带一路”不仅带动了沿线国家的经济发展，而且促进了世界经济增长，吸引了 160 多个国家和国际组织参与其中，已经成为真正意义上的全球共识、全球平台和全球的行动。“一带一路”建设的收获才刚刚开始，未来不可限量。实践已经证明，并且将不断证明，中国发展离不开世界，世界发展也需要中国。

70 年来，中国人民与世界人民携手同心，共护和平。中华民族是爱好和平的民族，和合共生是中华文明几千年始终秉持的理念。近代以来，中国人民饱受外敌的入侵、战乱频仍之苦，为实现中国和平稳定，人民安居乐业，中国共产党领导人民进行了艰苦卓绝的斗争，才建立了新中国。中国人民深知和平的可贵，也具有维护和平的坚定决心。近 30 年来，中国已经累计派出维和人员近 4 万人次，是联合国维和行动的主要出兵国和出资国，我们还深度参与反恐，维护网络安全等领域的国际合作。在地区热点上积极的斡旋，推动各方通过对话协商，以和平方式解决争端。中国将继续高举和平发展、合作共赢的旗帜，始终不渝地走和平发展道路，永远不称霸，永远不扩张，始终做世界和平的建设者，全球发展的贡献者，国际秩序的维护者。中国人民愿意同世界各国人民携手起来，共护和平，让和平的阳光普照大地，让人人享有安宁祥和。

70 年来，中国人民与世界人民命运相依，共迎挑战。人类生活在同一个星球，让这个星球更加美丽、繁荣、宜居是各国人民的共同梦想。新中国始终与世界同呼吸共命运，坚定地维护国际关系准则，积极地参与经济全球化进程，努力促进南南合作，推动人类共同发展。当今世界正处于百年未有之大变局，人类面临的挑战层出不穷，风险日益增多，为此中国提出的方案是“推动构建人类命运共同体”，实现共赢共享。今年上半年习近平主席先后出席“一带一路”高峰论坛、世界园艺博览会、亚洲文明对话大会以及中法全球治理论坛、圣彼得堡高级论坛，发表了一系列讲话，深刻阐述人类命运共同体的理念，倡导以文明交流超越文明隔阂，文明互鉴超越文明冲突，文明共存超越文明优越，让和平的薪火代代相传，发展的动力源源不断，这向世界表明大道至简，实干为要，中国愿与世界一道为构建人类命运共同体作出应有的贡献。

女士们、先生们、朋友们,新中国成立以来,中国共产党带领中国人民筚路蓝缕,不断探索富民强国之路,中国从一个积贫积弱的农业国发展成为制造业的门类齐全、经济欣欣向荣的世界大国,成为世界第二大经济体,从上世纪50年代初到2018年,我国城镇和农村居民年均可支配收入从不足100元、50元分别增加到3.9万元、1.4万多元。特别是中共十八大以来,以习近平同志为核心的党中央坚持以人民为中心的发展理念,坚持全面深化改革,不断扩大开放,推动中国特色社会主义进入新时代,取得了历史性成就和历史性变革。我们注意到,一直以来国际上对中国的经济发展总有这样和那样的说法。比如说中国经济崩溃论、中国金融危机论,等等,但事实总是让那些预言不攻自破。改革开放40年来中国经济持续高速增长,被世界公认为人类经济史上不曾有的奇迹。与之相对应的,这40年世界经济发展充满了波折。20多年前的亚洲金融风暴重创许多正在崛起的新兴经济体;10多年前的美国次贷危机负面影响至今还在延续。当代中国最独特的政治优势、制度优势走出了一条符合自身实际,符合最广大人民群众利益的发展之路,实现了长时期的政治稳定、经济发展、文化繁荣、社会和谐,为世界经济摆脱困境,源源不断地提供动力支撑,为人类社会追求现代化、各国人民追求美好生活贡献了中国的智慧。经济全球化是推动世界经济增长的引擎,中国和许多国家一样积极参与经济全球化,受益于经济全球化,但是在今天,经济全球化遭遇了波折,单边主义、贸易保护主义盛行。在与贸易霸凌极限施压斗争的过程中,中国人民显示出了坚定的意志、底气和骨气,中国经济显示出了足够的韧性、巨大的潜力。今年上半年,中国GDP以6.3%的增速继续领跑全球主要经济体。与此同时,更加可贵的是我们的质量在提升、结构在优化,消费对经济增长的贡献力在增强。社会消费品零售总额同比增长了8.4%。这段时间,新闻报道了上海的一个现象,一家美国的大型超市在上海开张第一天就被抢购一空,不得不临时打烊。这虽然有其销售策略,但足以说明上海的消费能力。今年上半年网购的增长也非常快,李强书记给我介绍,包括上海的文化消费的增长、全国旅游消费的增长都是巨大的,所以潜力是巨大的。这些折射出中国的经济正在走向高质量发展,总体形势稳中有进。在这样的情况之下,我们完全有信心、有能力应对各种风险挑战。一个有着五千年历史的文明古国,中国无惧风雨,永远在这里。作为一个负责任的大国,中国有志于维护和平发展,为世界继续作出中国自己的贡献。

女士们、先生们、朋友们，世界中国学论坛是中国学领域最具影响的学术盛会，也是中国和世界沟通的平台。论坛历经16年，连续举办了八届，今天在座的都是多次参加论坛老朋友，在传播中国文化方面建树颇丰，也有关注和研究中国的年轻朋友们，青年汉学家研修班的同学们，你们都是帮助中国牵手世界的文化使者，是中国人民的真朋友、好朋友。我衷心地希望大家用好论坛这个平台，深入对话、切磋交流、增进理解、凝聚共识，为中国和世界的互鉴共赢贡献智慧和力量。

最后，祝本次论坛取得圆满成功。祝各位嘉宾身体健康，事业顺利。谢谢！

中国与美国：40年的风云变幻

美国亚洲协会名誉会长　卜励德

我已经参加过五次世界中国学论坛。我最早到访中国是1971年随尼克松总统访华，之后便与亨利·基辛格博士合作共事，于1973年设立了美国早期在北京的联络处。因此，我亲眼见证了中美关系数十年来的发展轨迹。

过去25年来，我的大部分工作都集中于促进人员往来，以便为中美两国的友好交往奠定坚实基础。这些年来，那些曾经毫不起眼，甚至微不足道的人员交流已经变得举足轻重，获得了重大的战略意义。贸易、投资、旅游、体育、文化、科学、教育已成为中美两国政府高级战略磋商的常设议题。不过，尽管政府设定了合作基调和法律框架，但这些关系却大多由非政府个人或私有机构在进行日常管理。此类非官方关系如今构成了中美交往的主流部分，并已形成其自我运转的动力。起初，中美两国交流时，就像在摇动一部简单的单线战地电话进行沟通，一端是基辛格博士，另一端是周恩来总理。现在，我们之间的联系更像是通过一条巨大的光缆在进行，数百万条信息同时双向传输，而其中大部分领域都是两国政府看不见或不介入的领域。

我们两国目前的政策转变对我们的相互依存关系构成了威胁，日益放大的冲突和猜疑为我们的贸易和投资罩上了乌云。中国表示，美国的政策执意要阻碍中国的发展，并阻止其获得应有的大国地位。而我们则在指责中国窃取美国的技术，限制美国公司进入中国市场。此外，两国的安全官员都视对方为对手。

我常常被问及，在已经改变和重塑世界近50年后，这一关系是否可以经受住这些压力？我坚信是可以的。冲突是否可以避免？我相信也是可以的。中国太大，无法加以遏制；中美两国关系太过复杂，无法加以瓦解。我们打交道已经数十年，既彼此竞争，也相互合作，同时一起处理出现的严重危机。我本人，以及众多的美国学者和专家共同签署了一封公开信，警告不要把中国当成对手。我们别无选择，只能继续前行，重点应放在务实的解决方案上，而不是意识形态的声明上。

文化交流是目前两国最有发展潜力的领域。在两国关系的其他方面正遭遇紧张和分歧之际，长期伙伴之间的文化合作可表明，中美关系仍令人欣慰地在延续着。

1973年，中美两国分别在华盛顿和北京设立常驻联络处，这标志着中美正式开始建立文化和体育合作。在双方代表团访问对方国家时，以及中美两国开始相互了解之时，联络处能够为其提供支持和服务。联络处有力地推进了两国关系的发展，那些年里帮助两国人民频繁交往并建立纽带。1973年，作为北京联络处也负责文化和体育交流的政治部门的负责人，我目睹了这一历史进程。

文化和体育一直在中美外交中扮演着特殊的角色。各位可能记得，1971年，中国邀请美国水平不高的杂牌乒乓球队访华。这是尼克松总统与毛泽东主席取得外交突破的前奏，也是中国愿与美国牵手的重要信号。各位可能还记得，1973年，由奥运会游泳和跳水冠军组成的美国代表团提供了有益建议，促使中国崛起为世界游泳和跳水强国。各位可能也记得，1973年9月，费城交响乐团的首次中国之旅彻底刷新了中国人对西方音乐的认识，从此往后，两国开始了持久和密切的交往一直到今天。最后，各位应当记得，2002年，观看姚明在休斯敦火箭队首秀的中国观众达3亿人，跟美国的全部人口一样多。

自20世纪初基督教青年会首次将篮球引入中国以来，中国人就一直非常喜爱这项运动。因此，当美国男子和女子冠军队1973年6月来到北京与中国队比赛时，人们表现出了高昂的兴致。位于首都西北部的体育馆挤满了1.7万多名中国观众，篮球比赛成了外交的纽带。中国女队的表现胜过美国冠军队，体格也胜于超重的美国中西部女孩，但美国女孩也得到了中国观众善意的叫好声。美国男子则给予了中国男队类似的待遇。多年来，由于美国国家篮球协会与中国同行的不懈努力，包括日复一日的频繁沟通，篮球已经成为美中关系人文交流中的一个重要媒介。每星期都有数以百万计的中国人收看美国职业篮球联赛的电视转播，美国一流球队也会定期访问中国。

费城交响乐团的开拓性到访，是西方古典音乐在中国发展进程中的重要里程碑，也是中美关系发展中的重要里程碑。此次中国行改变了中国人对西方音乐的认知，同时，使美国的音乐家能够与中国传统的曲乐大师结识交往。

因此，费城交响乐团在中国家喻户晓，全国各地都在收听北京播送的隆重音乐会。30年后，中国著名作曲家谭盾告诉我，他也在其劳教地所在的公社收听了广播。此次广播对他意义非凡,激励他将余生投入于创作能融合东西方精粹的音乐,并将这两种音乐传统传播给东西方人民。

自1979年艾萨克·斯特恩(Isaac Stern)发现10岁的大提琴神童王健以来,在中国推广西方音乐一直是两国携手合作的事业。中国教师发现并培养年轻人才,而像柯蒂斯和茱莉亚这样的西方音乐机构能够为其提供国外演奏机会。中国的伟大艺术家郎朗、王羽佳、谭盾,以及费城交响乐团的知名大提琴家倪海叶,还有很多其他出色的中国音乐人士,均为中美两国共同造就的杰出成果。

自1973年以来,中国发生了翻天覆地的变化。快速的城市化进程使中国的财富和力量成倍增长。在过去的40年里,新的音乐大厅如雨后春笋般涌现,不仅在大城市,而且在二、三线城市的中心,音乐学院和日益完善的交响乐队也层出不穷。

2012年,费城交响乐团决定加大与中国的合作,并采取新的方式来顺应这种历史性变化。这就是要与新兴的二线城市增进交流,并与这些城市新开办的音乐学院、交响乐团和音乐厅进行更多接触。为此,我们设立了为期多年的“驻地”项目。在这一项目中,音乐家们不再是前往一个城市演奏音乐会后随即离开,而是会留下来提供大师讲习班,在社区场地举行公开音乐会,并注意努力发现和培育当地人才。联合举行的音乐会将为中国音乐家和作曲家提供更多的机会,可以增加其在美国的知名度,并使之能前往美国巡回演出。

此后,中国已成为西方古典音乐的全球主要市场。中国在交响乐设备、建设新的音乐厅并开办设备齐全的音乐学院等硬件方面做了大量令人印象深刻的工作。同时,西方交响乐团还可以在软件方面帮助中国同行,除了在促进音乐会人气爆满外,还特别能有助于中国的合奏培训和交响乐团管理。

费城交响乐团率先满足了中国的需求,中国拥有数百万音乐学生,而且它的中产阶级正日益壮大且财力雄厚。中美双方于2016年签署了第二份五年协议。任何其他美国交响乐团都不能在中国提供具有如此深广的项目内容,也没有一支美国交响乐团能与中国保持如此长久的关系。中美两国政府都将这一合作项目视为民间文化交流的典范。

从过往的经验中可知,这种不断扩大的双向合作为未来的发展提供了一个蓝图。目前最新的趋势是,中国交响乐团正在美国巡回演出,向美国观众介绍中国的音乐、乐器和乐队。越来越多的中国音乐家已达到了西方交响乐团的入团水平,其加盟广受乐团的欢迎。费城交响乐团的第一个华裔大提琴家倪海叶仅仅是众多例子中的一个而已,当年费城交响乐团首次访华时,她的妈妈是上海的一名音乐家。

今年早些时候,我陪同费城交响乐团进行了乐团一年一度的中国之旅,这次是为了参加两国正式建交 40 周年的庆祝活动。

我一度担心目前的紧张局势会影响本次出行,事实上却并没有。我发现,虽然在其他领域存在争议,损害着两国的关系,但文化交流却丝毫不受影响。更需知道,音乐已被公认有益于身心健康。习近平主席说过,音乐能够"净化心灵"。无论在北京、杭州还是上海,我们参观的音乐学院均拥有充足的资金,正在竞相聘用国内优秀教师并竞相争取海外的关注。天津市投资数百万美元建立了天津茱莉亚学院,同时,天津市政府也希望扩大与费城的合作。在中国音乐学院于北京举办的一场大型国际钢琴比赛中,费城交响乐团为三名决赛选手伴奏,茱莉亚音乐学院的钢琴系主任担任国际评委会的主任。

在北京、上海、天津、杭州和南京举办的音乐会场场爆满,出于对乐团及其指挥雅尼克·涅杰-瑟贡(Yannick Nezet-Seguin)的敬意,观众们纷纷起立鼓掌,高声喝彩并要求加演。也许,对我们表示如此热情的欢迎正符合中国政府对提高生活品质的要求。我获知,政府官员的考评标准之一,是其在多大程度上能鼓励人们相信,共产党正在引领人们走向更美好的未来。"获得感"是习近平主席在演讲中描述的一个理想目标,大意是"一种获得共同利益的感受"。

中美两国政府之间正处于"战略性不信任"状态,这是智库和媒体谈论两国关系的主要话题。但是我发现,由于中美文化机构已经合作多年,它们之间表面之下的"战术性信任"十分充足地存在着,足以让我们忙碌地交往下去。

中美关系如同一座冰山,虽然在海面之上,能够看见战略性不信任的锯齿状冰缘。但是在海面以下,存在着由战术性信任维持的庞大非官方关系,它们能够保持中美关系的稳定。

我对两国长期关系的历史视角使我对未来抱有信心。数十年来,我们一直在彼此竞争和相互合作,这将在未来得以延续。相互依存的关系是复杂的,并非总是令人愉快,每一步都可能蕴含新问题。然而,这种关系所蕴含的生机和活力,本身就是一种力量。到目前为止,双方政府仍然默许非官方之间继续交往,从而避免让我们陷入严重的麻烦。两国政府开始意识到,正如前国务卿亚历山大·黑格所言,拳击场上最安全的时刻是双方抱住、紧紧抓住敌手,缠绕在一起反而让对方无法施加严重的伤害。我们应该做的,就是努力保持这种状态。

坚定不移探索适合国情的发展道路

上海社会科学院院长　张道根

今年是中华人民共和国成立70周年，70年来中国发生了翻天覆地的历史性变化。一个具有5 000年中华文明历史、占世界人口五分之一的东方大国，历经艰辛磨难，浴火重生，实现了从站起来、富起来到强起来的历史性跨越。

70年来，中国经济持续快速发展，综合国力长足提升。1949年中国工农业总值446亿元（人民币），人均国民收入66.1元；2018年中国国内生产总值超过90万亿元，稳居全球第二大经济体位置，人均GDP 64 644元。1952年中国进出口贸易总额64.6亿元，2018年超过30万亿元，成为全球货物贸易第一大国，全球引进外资和对外投资第二大国。中国从落后的农业大国，跃升为世界第一大制造业国家，制造业占全球近四分之一，建立了完整的工业体系。70年来，中国人民生活水平不断改善，人们的获得感、幸福感、安全感大幅提升。中国人均预期寿命从1950年41岁左右，提高到1978年66岁，2018年超过76岁。文盲人口比例从1950年超过40%，减少到2018年不到2%，高等教育毕业生每年超过750万人。目前中国约有4亿左右人口进入富裕的中等收入群体行列，累计有7.6亿农村贫困人口脱离绝对贫困，明年实现农村贫困人口全部脱贫的目标。

70年弹指一挥间，70年沧桑巨变。追根溯源，归根结底就是一句话，我们走出了符合时代特征、具有中国特色的社会主义现代化发展道路。

第一，植根中国国情实际，坚定不移走社会主义发展道路。道路问题，是决定国家发展的根本性、方向性问题。现代中国的发展道路，是在既超越西方资本主义现代化之路的历史逻辑与理论逻辑，也超越传统社会主义现代化发展道路的理论与实践，是中国共产党带领中国人民在探索的基础上，一步步走出来的。鸦片战争以来，中国许多仁人志士曾主张“师夷长技以制夷”，要学西方资本主义。然而“学生”总是被“先生”欺负，“先生”们教导的路走不下去。“十月革命”一声炮响，让中国看到了不同于资本主义的发展之路。中国共产党人率领人民,前赴后继,浴血奋斗,在 1949 年建立了中华人民共和国,终结了半殖民地半封建的社会历史,结束了长期战乱动荡的局面。站起来的中国,如何改变“一穷二白”落后的农业大国状况,加快实现工业化,是压倒一切的头等大事。面对当时的外部世界环境与内部自身条件,加快实现工业化必须突破西方国家各种封锁,唯有学习借鉴苏联社会主义集中计划经济体制,抑制消费、增加积累、扩大投资,走优先发展重工业的路。前 30 年中国建立了较为完整的工业体系,为改革开放以来工业化大规模深化拓展奠定了基础。但是,传统社会主义集中计划经济体制,难以解决经济结构失衡和资源配置效率不高的问题,前 30 年中国与发达国家的发展差距没有缩小,还在拉大。1978 年改革开放,中国逐步摒弃传统的社会主义经济体制,不断让市场在资源配置中发挥主要的决定性的作用,培育发展市场经济,开辟了中国特色社会主义发展道路,极大地解放了社会生产力,极大地激发了全体人民创新创业创造活力,创造了第二次世界大战以来国民经济持续高速增长的中国奇迹。中国改革开放,不是照抄照搬别国的制度办法,既不是“华盛顿共识”西化和私有化,也没有拷贝一些社会主义国家转型模式,不是坚持书本上社会主义原理的教条,而是始终立足中国国情,根据中国实际,着力解放与发展社会生产力,不断增进人民福祉,坚定不移走中国特色社会主义发展道路。我们突破社会主义只能搞计划经济、不能搞市场经济,只能搞纯而又纯的公有制、不能让各种所有制共同发展的理论与实践禁忌,从最先在农村实行联产承包责任制,到完善土地所有权、承包权、经营权三权分置改革;从探索城市国有企业承包经营制度,到“抓大放小”搞活国有经济以及发展混合所有制的股份制等。这不是别人强加于我们的,是我们植根中国国情和实际,在实践中不断探索,大胆闯大胆试干出来的。

第二,顺应时代进步潮流,坚定不移走和平发展道路。当今世界处于百年未有之大变局。和平发展是当今世界的主流,各国利益相互依存、日益广泛而深入,战争无人能不受害,全球皆可能遭不幸。但霸权主义、强权政治、地缘政治冲突、恐怖主义等没有消失,时而更加厉害。中国发展进入新时代,正处在加快现代化强国建设、实现中华民族伟大复兴的关键时期,坚决维护和着力促进世界和平发展更为重要。近代以来,中国看到一些国家利用民族主义和扩张主义思想实行殖民主义拓疆扩土,对其他国家和人民造成不小的伤害,我们也深受列强侵略之苦。己所不欲,勿施于人。新中国从一开始就坚决站在维护促进世界和平力量一边,倡导以和平共处五项原则为核心的新型国际关系准则,坚持独立自主的和平外交政策，反对一切形式的殖民主义、霸权主义和强权政治。70年来，特别是改革开放以来，中国坚定维护国家主权、安全、发展利益，积极地全方位拓展同世界各国的友好关系，致力于维护世界和平、促进共同发展。中国是世界和平发展的受益者，也是维护者和贡献者。没有一个和平的世界环境，就没有世界各国普遍受益的共同发展，也不可能有新中国长时期持续快速发展的经济奇迹。中国坚持和平发展道路，不是外交辞令，不是一时之举，是始终坚持的历史方向和战略取向。中国同历史上某些强势崛起的国家不一样，从不寻求对外领土扩张和拓展"生存空间"，也不输出自己的意识形态和社会制度。中国对外战略的实质就是维护和促进世界和平发展，根本是办好自己的事，为中国人民谋幸福。我们深知，能解决好占世界人口五分之一的中国人民生存发展问题非常不容易，我们必须聚精会神、全力以赴、集中精力把自己的事情办好，这也是对世界最大的贡献。中华民族自古就有崇尚和平、和为贵、和而不同的精神文化追求，坚持和平发展道路，推动构建人类命运共同体，弘扬了中华文明数千年和平主义的文化精神，摈弃了历史上列强大国崛起过程中"国强必霸"的思维魔咒，凝聚了当今世界爱好和平的国家、地区和人民的广泛认同。面对大发展大调整大变革的世界，中国将坚定不移促进世界共同走和平发展道路，高举构建人类命运共同体旗帜，推动全球治理体系朝着更加开放包容、公正合理的方向前进，不断为世界和平发展和增进人类福祉作出应有的更大贡献。

第三，顺应世界大势大局，坚定不移走开放发展道路。我们从来没有像今天这样，全球经济相互依存、深度融合如此广泛而紧密。几乎没有一个国家或地区，能完全脱开国际贸易、投资和世界产业分工合作体系，独自维持并促进国民经济发展和人民生活改善。新中国成立伊始，我们总体上是一个经济上自给自足为主的落后农业大国，实现从落后农业大国向现代工业化国家历史性转变是紧迫而艰巨的重大任务。面对当时国际环境，以美国为首的西方国家对中国实行封锁政策，阻止中国同世界上工业化国家尤其是西方发达国家经济技术交往。中国只能独立自主并寻求社会主义国家苏联的支持与合作，推进工业化建设。这种集中计划经济体制下的工业化，是封闭的内向型的发展战略。直到上世纪70年代末中国进出口贸易额相当于国内生产总值比重仍低于1952年水平，引进外资和对外投资几乎为零，中国也失去了抓住上世纪50—70年代国际产业大规模向亚洲转移的历史性机遇。1978年底，中国发动了改革开放，向世界、向各个国家或地区开放，用开放倒逼自身改革。我们先从毗邻港澳的沿海地区搞开放，引进港澳台资金，搞“三来一补”加工贸易；再建立经济特区，实行沿海城市和沿海省份对外开放，不断扩大全方位开放。1986年提出恢复关贸总协定缔约国地位的申请，2001年加入WTO。有序有力扩大开放，使中国成功突破美国经济学家钱纳里曾提出的，发展中国家受储蓄小于投资和进口大于出口的“双缺口”困扰，很难实现经济起飞。中国40年来对外贸易持续快速增长，吸引外商直接投资超过2万亿美元，不仅解决了发展中国家外汇短缺、资本短缺问题，解决了低收入国家内需不足的问题，吸纳了极其庞大的边际生产率几乎为零的数亿剩余劳动力充分就业，也学会了运用世界先进技术、先进管理经验、国际通行规则和惯例。中国是经济全球化的参与者、获益者，也是贡献者。中国已形成全方位、多层次、宽领域的对外开放格局，我们将对标世界最好水平、国际最高标准，坚定不移完善对外开放体制机制，持续提高开放型经济水平，深度融入经济全球化，全面参与国际经济的合作与竞争，保持中国经济持续稳定健康发展。

道 藏 学

荷兰皇家科学院院士　施舟人

由当朝皇帝“御制”的《道藏》(或称《道藏经》)，直到17世纪初，经历了八到十次的编纂才得以完善出版。

历代《道藏》为中国的精神传承提供了规范，作为经典，《道藏》由皇帝赐至全国各大重要宫观。以保护中国伟大的精神和哲学财富为使命，《道藏》不仅保存了重要的古代文本，还收藏后续出现的甚至新近面世的道书。比如李贽(1527—1602)的著作也被收入万历皇帝于1607年刻印的《万历续道藏》。这种随文明发展而与时俱进的“递有增辑”，让中华经典定期更新的做法在世界几大文明体系中独一无二，其他文明体系常常不得不与完全过时的宇宙观和戒律作斗争。

历朝的《道藏》都被严格保存，只向有权查阅的人士开放。因此，有关典藏一般仅供少数学者使用。国内学者和国外汉学家直到近代才开始研究《道藏》，而且现在的研究几乎只使用《道藏》的最后刻本即明代刻本。这一版本的编纂起始于永乐年间(1406)，到明英宗正统十年(1445)间完成，因此通常也被称为《正统道藏》。《万历续道藏》是1607年万历皇帝下令补修的。

近代科学研究开始时，《道藏》仅剩少数原版存世。众所周知，明刻《正统道藏》经板原来藏于北京紫禁城外的大光明殿，但是八国联军侵入北京时，该处殿宇连同其所藏超过12万块刻板《道藏》遭受焚毁。这一战争罪行必是处心积虑所为。

从那以来，京都和各省道观所藏《道藏》也逐渐损失，道教因此面临着丧失其经卷遗产的危机。五四运动之后有人开始注意这个问题，在民国总理徐世昌等政界名流及康有为和梁启超等著名学者的支持下，综合几种存世的残本，明《道藏》由涵芬楼于1926年影印行世，共有350套进入中国、日本、欧洲各大图书馆，《道藏》的学术研究由此始得真正起步。

《道藏》经常被用来与《大藏经》《圣经》《四部奥义书》及其相关的《奥义书》等神圣经籍相比较。但在中华文化体系内，这种类比是不恰当的。如德国著名的哲学家莱布尼兹（1646—1716）已经指出了，中国原来没有如西方类似的启示神学，只有一种自然神学。

《道藏》中保存的最早经典，包括《老子》《庄子》《黄帝内经》等经典，起源于轴心时代（Axial Period）。但是西方轴心时代的经典多被认为是神圣的启示文章，而中国的经典不被视为神圣的启示文，或者超然性神圣的话语。中国人知道他们的从古代传来的经典是伟大思想家的著作。尤其因道家很独特的“否定神学”（apophatic theology），《道藏》的文本并没有按照历史框架进行排序，而是被组织成一个分级分类系统。

继《道德经》《南华真经》等基本经典之后，历代的《道藏》文献少有著者名字和写作年代等记载。道教不强调历史背景，它试图包容万物，避免宗派主义和对其他思想流派的争议。道教甚至有意鼓励多元的思维方式和生活法则，允许在国家法律框架中存在原则的多样性。世界上许多意识形态中，我们能看到一种排斥异己的倾向，但道教总是寻求包容一切。因此历代的《道藏》会加入新近的思想成果，从而做到与时俱进新的精神作品，符合当代的新情况。

“道藏”两个字最初指称保存在皇家藏书阁的书。后汉时，洛阳皇宫的藏书放置于“东观”。按照那时的说法，老子东周担任柱下史，曾居于这一建筑。故此，“时学者称东观为老氏藏室，道家蓬莱山”（《后汉书·窦融列传》）。大约同一时期，王充（27—97）曾谓，这一藏室乃为“典国道藏，通人所由进，犹博士之官，儒生所由兴也”（《论衡·别通篇》）。由此可见，“道藏”这一术语很早时候就用来指称中国的全部精神遗产。

随着佛教进入中国，中华思想文化经历了一场巨大变迁。汉朝末期，大量前所未知的思想和文学涌入华夏。我们确知，佛教最初是依照道教形式传扬的。然而，公元311年后随着佛教在中国北方逐渐兴盛，五胡十六国时代起，开始大量翻译佛经，印度和中亚的异域文献大量进入中国。东晋和南朝刘宋时期经过相应变化，出现了一批佛道混合的新经文。它们比真佛经更接近华夏价值观，更加明白易懂，所以在江南地区广为流传。佛教徒因此要求结束这种剽窃行为、尊重佛教历史的真实性，也不要听信“老子化胡”的故事。

刘宋文帝（407—453）为此请高道陆修静（406—477）提供一份书目，以标明哪些是真正的中华经典，哪些是西域传入或来路不明的典籍。陆氏进行甄别时依据的标准至今仍为人讨论,但所有学者都同意,陆修静的贡献在于,创立了一套包容、不歧视的经文和科仪的分类体系。

他根据道教最重要的几个方面进行的“三洞”分类方法,分类体系大致如下:

洞真,如《上清经》,致力于自我修养和个人精神完善。

洞玄,如《灵宝经》,包含了道教群体科仪法事。

洞神,如《三皇文》,属于社会拜神祇的香火体系。

陆修静并没有收录当时新出现的所有的道教经卷,比如《太上洞渊神咒经》,只接受与南方道教大宗师葛洪有密切联系的经典,认为是“真经”。

这“三洞”中的每一类都涉及某一特定的文献种类。

《上清经》几乎完全关注养生、修炼、存思、外丹和内丹方法。这些技法须由个体娴熟修炼,堪称追求自我修养、长生不老的方式。

《灵宝经》用于科仪场合的念诵,与“斋”“醮”相关联,包括群体性法事。

“洞神”文献用于召唤天地之间的鬼神,争取其服从指令,其效果深不可测,故名为“神”。

第一类涉及个体对终极真理的追求,第二类涉及道教仪式的玄妙方面,第三类涉及与神的沟通。“洞神部”的经不仅包括护身法符和咒文,也包括可用于预测未来的占卜技法。事实上,第三类即洞神尊奉的“三皇”是中国古代最重要的神祇,因此“三皇”指代一切形式的对鬼神的尊奉,包括对“五岳”的崇拜。

由此可见,陆修静的分类远远超出了单纯的书目分类,而是试图把精神传统中的三个主要方面都纳入一个融会贯通的结构中,这些不同的传统方面是:

1. 个体对精神超越的神秘追索。

2. 与神秘事物的仪式庆典。

3. 对神明的崇敬祭拜。

陆修静为每一个分类提供了经文证据。假如我们把道教的这一经典传统与其他传统相比较,不难发现,其他传统很少达到如此完美融合的境界。陆修静的“三洞”观本身就是一种天才的创造,使得道教能够不断发展并保持其传统。其中多元性与创新性,让道教避免了分崩离析的危险,能够历经打击而不衰。

由于时间关系,这里不便深入追溯中华文化精彩的历史发展过程,但从历代《道藏》刊印这个侧面,特别是王延(529—604)为周武帝(560—578 年在位)编刻总共 8 030 卷《道藏》经典的过程中,可以再次感受到这一特色。当时在“三洞”之外，又增加了四部分文献，合为《七部尊经》。这里姑且以明《道藏》为例证，借以观览有关内容与规模：

“洞真部”：762 卷；

“洞玄部”：774 卷；

“洞神部”：1 097 卷；

“太玄部”：553 卷；

“太平部”：410 卷；

“太清部”：179 卷；

“正一部”：776 卷；

总共达 4 551 卷。

《正统道藏》收录约 1 500 种不同的作品，包括不同种类的著作。每种篇幅从数页到数百卷不等。这些文献不仅篇幅有别，而且形式和主题也各异。

《道藏》中的文献当然包含重要的哲学经典，如《老子》《庄子》及其不计其数的历代注疏。实际上，哲学经典不过 200 来种，其他的著作如金丹（黄白术）和内丹、各种养生法，包括医学各数百种，它们也不能构成《道藏》中的主要部分，宇宙论（数术）和历史传记等类文献也不占多数。

就排序地位和经卷规模而言，居显赫地位的是“科仪”的仪式法事。值得注意的是，道教从来就少用“礼仪”这个术语，它把“礼”换作“科”。

科仪包括法事上念诵的“经”、念唱的“颂”、念读的“疏”（上章），以及有关舞动（禹步）、吟诵、静思、洒清的指令、斋醮法事中的“诀”。总言之，科仪的相关文献达 800 来种，占到《道藏》中一半以上；就卷数而言，在全部 4 551 卷中，它们足有 3 000 卷，占《道藏》的三分之二。

科仪在《道藏》中占据中心地位，是因为在道教史上，经卷与法事之间存在着很强的联系，这种关系影响了道教对文字书写的概念。传统道教的科仪制度是在中国官僚体系的框架中运作的。

了解这一点后，我们就不会再感到惊奇，为什么清代没有像以前朝代那样，编纂和刊印《道藏》。清朝不仅不承认道教，而且从乾隆时代开始，采取了一种反道教的姿态，这一点越往后越明显。清代编纂的《四库全书》，基本属于宋代理学所定义的儒学正统。《四库全书》仅收录道教哲学经典甚少一部分注疏，不过 40 来种，除此之外，未有道教文献见录。其中对《道藏》本身唯一的引用是白云霁的书目《道藏目录详注》（1626 年）。

清代文人只知在《道藏》中搜检某些经典的孤本或失传版本(如《山海经》),但从未研究经典本身。结果是,《道藏》日益失传,终成无可挽回之势,其刻板在1900年英军围困北京时遭焚毁。完整的版本不复存在,甚至藏于北京白云观的初刻原版也有散佚。1926年涵芬楼的影印本拼凑数个不完整的版本之后才成套。

此后,在中国和欧洲,有部分学者开始研究道教和《道藏》,涓涓细流终于汇成大海。在满清统治的最后岁月,对《道藏》的科学研究在中国国内及日本、法国等外国开始起步,其中的开拓者有刘师培(1884—1919),他在北京白云观卜居数月,研读了藏在那里的《道藏》经典。他的笔记后来以《读道藏记》为名而问世,尽管该书迟至1934年才正式出版,但这一开拓性著作还是赢得了广泛的赞誉。

另一位大学者是陈垣(陈援庵,1880—1971),我们也应记住他对道教研究的重要贡献。陈垣在1918年开始收集道教碑文,以此研究道教历史,因为他知道,道教本身采取一种非历史的态度,正史不重视碑文的历史价值。后来,他成为首位深入研究全真道及其面对外敌入侵而保护中华文化的功绩的学者(《南宋初河北新道教考》)。他洋洋洒洒的《道家金石略》由其后人陈智超、曾庆瑛于1988年交北京文物出版社出版。同样应当提及的是陈国符的开拓之作《道藏源流考》。

任继愈(1916—2009)主持了一项成功的《道藏》研究计划,与中国社科院的青年学者一起出版了重要的《道藏提要》(中国社会科学出版社,1991年)。

为《道藏》研究在中国的确立而作出早期重要贡献的诸多学者中,卿希泰教授(1928—2017)及其成果应当占有特殊的一席之地,他撰写并编辑了首部道教通史《中国道教史》。

最后,但同样重要的是,在此应当表彰《道藏》的现代标点版,即由中国道教协会与中国社会科学院道教研究中心及华夏出版社联合推出的48卷《中华道藏》。这部大作以明《道藏》为基础,增加了许多相关的原始材料,特别是敦煌手稿。后来又有重要补充,此即《藏外道书》,收录了991种此前难得一见的文献。这一有用且意义重大的增补由胡道静、陈耀庭、段文桂、林万清编辑,1992年和1994年由巴蜀书社出版。

作为结论,我想强调,那些从未在《道藏》之外出版的著作仍然鲜为人知,尚需进行大量研究。不过,也应当指出的是,一百年前,《道藏》研究乏人问津甚至几乎不存在，如今它已成为一个不断拓展、前途无量的兴旺领域。

在这里，我们再次树立了中华文化在其生生不息的历史发展中不断复兴的光辉典范。这不仅是中国文化的未来，也是全世界文明的信心和希望的源泉。

最后，感谢会议主办方给予我今天在此发言的机会，我的讲话还不全面，当然存在不少错误，请大家批评指正。

“发展悖论”与“发展要素”
——中国的发展与发展经济学的发展

北京大学经济学教授、中国(深圳)综合开发研究院院长　樊　纲

今天的演讲我想在新的事实(包括中美经贸争端)的基础上,对发展经济学的基本原理进行一些梳理与扩充,并用这些原理来说明中国经济发展所面临的一些主要问题。

一、“发展”是“落后国家的较快增长”

首先,长期以来经济学家似乎一直没有说清楚的一个问题是:增长理论与发展经济学的差别是什么?为什么有了一套增长理论,还要有一套发展经济学理论?它们之间的关系究竟是什么?打开每一本发展经济学的教科书,前言都要讨论这个问题,但似乎都没有说清楚。有的人说,增长理论只涉及 GDP 增长,发展经济学还要有制度的变迁、社会的进步等。但是,现在的增长理论已经把制度改革、制度效率的提高,作为经济增长的一个重要的因素了,已经不是过去理论中仅仅讨论劳动和资本这两个要素了,这样一来,二者的区别不就消失了么?至于说到社会和文化的进步,它们虽然与经济增长相关,但从来是社会学和人文学科研究的专题,经济发展理论不可能包罗万象,包涵一切与“人的发展”相关的问题,也不应该“入侵”到别的学科领域“包打天下”。

发展经济学究竟与增长理论的差别在什么地方?发展经济学的特殊研究对象究竟是什么?

这几十年,我们经济在发展,我们都身在其中,我们研究经济的发展,深刻体会到“发展”这个概念的特殊含义。它的特殊性就在于,发展是落后国家的增长!发展经济学所研究的特殊对象,就是落后国家的经济增长!所有国家的经济增长,有其共性,比如都需要劳动,需要资本,需要技术进步和制度改进。但是,落后国家,处处落后,要什么没什么,有劳动力缺少教育,收入低资本少,技术落后缺乏创新能力,体制上存在许多缺陷,不会管理企业和开拓市场,但是,

你还得增长，还得在已经被发达国家占领、“瓜分”了的世界市场上“挤出”一个份额。而且，你还要增长得比发达国家更快，因为只有你的增长速度比它高，你才能够缩小差距、实现追赶，你才能够实现“趋同”。如果美国每年人均收入增长 3%，你也增长 3%，你永远不能缩小距离，你就只有增长，而没有发展！这就是发展经济学要研究的“发展的悖论”：你处处落后，还要比发达国家增长得快！

另一个只是增长而不是发展的情况是，200 年前英国的经济水平可能还不如我们现在高，但是那个时候英国不是发展中国家，面临的不是“发展”的问题，因为没有比它更先进、更强大的对手，更强大的竞争者。而我们今天要面临的问题是在世界市场已经被大国、被跨国公司所占领的情况下，你要挤进去，要追赶，要逐步接近前沿，要接近发达国家的水平，这时候你会遇到一系列的问题，包括今天遇到的中美贸易战的问题，遇到的华为海外市场政治化的问题。这就是发展的特殊问题，也就是发展的特殊的难处，也是“发展的悖论”的一个内容。

因此，在这个意义上，发展经济学所研究的就是落后国家与发达国家的关系问题，就是研究落后国家怎么在发达国家已经占领市场上的前提下，你怎么能够增长的问题。这就是今天我们所面对的问题。我们今天可以进一步地看到，发展是多么困难的事情！开始的时候是你因为处处落后难以实现持续的增长，然后，你发展起来了，有了一定的实力，你又会遇到新的难题：除了继续存在来自强大对手的竞争，发达国家还可能会动用非经济手段，动用国家机器，来“打压”你的企业，抑制你的发展，对你进行技术封锁，与你打贸易战、技术战，尽管还不是真正的军事战争。

只有在发达国家与落后国家的关系中，才能理解所谓的“发展问题”。只有在这种国际关系背景下落后国家如何实现增长的问题，才算是“发展经济学的问题”；只讲一国自己，就只是增长理论的内容。

二、“增长的要素”

发展经济学与增长理论的区别就是：增长理论是“一般理论”，它研究任何国家，无论是发达国家还是发展中国家要想实现经济增长，都无一例外需要拥有哪些“增长的要素”；而发展经济学是一个“特殊理论”，即在一般理论的基础上，特别地研究落后国家的经济增长。这一节我们就先深入地分析一下“增长的要素”，从这个角度来看发达国家与落后国家的差别。下一节我们再在此基础上，研究落后国家如何发展，如何利用好“发展的要素”。

最近几十年,增长理论本身发生了很大的变化,增长的要素已经由最初大家知道的劳动和资本,发展到把技术进步、制度进步都作为增长的要素。最初,生产函数、增长模型当中的只有两个要素,即劳动和资本(转化了的物质资源)。后来,人们开始用技术进步来解释计量模型中无法被劳动和资本所解释的"残值",即"全要素生产力"。再后来,随着制度经济学的发展和人们对现实中制度改进导致效率提高的认识的深化,越来越多的理论已经把制度分析纳入了主流的经济增长问题的分析。因此,现在研究增长理论已经不是两个生产要素了,可以说是四个"增长要素"。也正是在这个意义上,我们现在研究增长和研究落后国家的发展,我们的眼界要超出劳动和资本本身,不仅仅是人口和储蓄导致增长,资本积累导致增长,而且更加关注的是技术进步,关注的是制度的改革,这也是我们这些年正在做的事情。

从这个角度来看,落后国家即发展中国家,与发达国家的差异就在于要素禀赋结构的差异。落后国家可能是劳动力人数不少,但是教育水平较低,算下来"人力资本"并不多;落后国家收入低,资本积累的水平就低,也就是"没钱"。更重要的还在于科学技术水平和创新能力上的差别,在于市场机制配置资源的效率的差别。总之,前面所说的"处处落后"这句话的含义,就在于落后国家之所以落后,就是因为在增长要素结构的落后,优质要素相对较少。收入水平低,产业结构落后,只是表面现象,"要素结构"落后是最深层次的原因。

发达国家往往是在增长要素的四个方面都处在领先的地位,而发展中国家在这四个方面都处于不利的地位。我们40年有了长足的进步,但在技术上我们仍有弱处,市场经济配置资源的效率仍然不高。从最近中美贸易战、美国打压华为等事件中我们可以看出,由于而我们科技创新仍处在追赶的过程中,许多关键技术还较落后,才容易被发达国家"卡脖子",这仍然是我们的弱项。体制改了40年,但是仍然有很多要改的东西,市场配置资源的作用还是不充分、不健全,经济效率仍然较低。我们要把自己的事情做好,最关键的还是怎么深化体制改革,真正发挥市场机制在资源配置中的决定性作用。增长理论基本的东西说明了我们的差距所在。发展中国家,就是要看到这些差距,在最基本的层面上,制定我们的发展战略,从落后国家的角度来思考增长的问题,认真思考我们如何大力发展教育,培养和吸引人才;思考如何发展资本市场和金融体系,有效利用资本;思考如何发展基础科学研究和低层技术研究,如何形成科技创新的能力和体制机制;思考如何进一步深化改革,扩大开放,把自己的事情做好。

这里需要再强调一下的是要素结构与经济结构的关系问题。过去人们知道GDP只是一个表面的指标,所以需要更多关注经济结构,较好的经济结构才会产生价值较高的收入。但是,有什么样的经济结构,取决于有什么样的要素结构,或者说就是“要素禀赋结构”(禀赋在这里的意思是到今天为止你有的东西),包括技术的水平、体制的效率,人力资本的结构以及资本积累的水平。要想有更好的、更高级的经济结构,你需要去努力发展和增长那些优质的要素,去改善这些要素结构,你才能够真正获得持久的增长,而不是像大跃进那样以为只要大炼钢铁,有了一个经济结构的飞跃,就可以成为强国,可以“超英赶美”了。由于要素结构没有变化,这种赶超的结果只能是浪费了大量资源,并不能真正改变经济结构。基础性的要素结构没有改变,经济结构人为地发生短期的改变,最终是不可持久的。上世纪50年代的现象是大炼钢铁、重工业赶超,最近这些年的现象是“提升服务业比重”、唱衰制造业,都是同一类型的问题。

三、“发展要素”:用好相对优势

处处落后,还要更快地增长,发展中国家怎么办?在要素结构的问题上处处落后,就需要寻找一些“发展的要素”,即一些可以在某些领域里获得竞争力的“相对优势”,实现经济增长的起步,并一步一步地改善增长要素的结构,实现持续的增长。

所谓的“发展要素”简单归纳起来是三点:

第一,比较优势。劳动力便宜,就可以在劳动密集型产业中获得劳动成本相对较低的竞争优势,为落后国家挣得“第一桶金”。

第二,后发优势。后发优势讲的是作为后来者可以通过花钱引进受专利保护的技术,缩短研发的进程;可以通过学习和模仿、利用前人所积累的很多不受或已经不再受专利保护的大量的技术和知识,包括社会科学和管理学的知识,来加速我们的发展;我们可以学到别人发展过程当中的一些经验与教训,我们可以少走弯路,节省试错成本,可以走捷径,等等。

第三,一个相对比较小的优势就是“本土优势”,指的是在世界市场一部分的本国市场,本土的企业、本土的竞争者在一定时期有一定的信息与文化优势。迄今为止的研究表明这个相对优势的确存在,但起的作用不是很大。相对优势当中最重要的还是前面所说的比较优势与后发优势。

在这两个主要的相对优势中,哪个更重要?一些学者反复强调的是比较优势,任何一本发展经济学教科书首先讲的也是比较优势,客观上说一个落后国家在一开始也就只是有廉价劳动力这一个发展要素。但是,如果只有这个要素来支撑增长,增长不会持续,也解释不了像中国这样的 40 年的持续增长。中国是人口大国,不过改革开放 30 年左右就遇到了劳动力短缺(当然我们有我们的特殊问题,导致农民工在城市住不下,早早就退出了劳动供给),其他人口小国用不了几年劳动力就会用光,还怎么发展?现实中,很多发展中国家也是因为仅仅发挥了比较优势,没过多久,经济就出现了停滞,经济增长就没能实现一个长期持续增长而真正缩小差距的过程。

要解释中国最近这 20 多年的持续增长,最重要的已经不是比较优势,而是“后发优势”。因为后面的 20 年里我们看到的已经不仅是劳动密集型产业的发展,而是看到各行各业的发展,看到了技术的进步,看到了高新科技产业的产生与发展。这里就要注意到比较优势与后发优势的差别。比较优势是较低的劳动成本产生的竞争力。但有这种竞争力的只能是在一部分产业当中,即劳动密集型产业当中,而且只是在比较低端的、不需要很高技能组装与服务环节上。而后发优势不一样。它的本质是以较低的学习成本和试错成本,缩短差距,它可以发生在所有的领域、所有的产业当中,使得经济取得全面的增长,形成较为完整的产业体系。而且它不仅在生产活动中存在,在诸如制度改进等这些领域里存在着。作为后来者,通过在开放的过程当中,学习、模仿、引进、吸收,使知识和技术的增长可以更快地接近技术的前沿。中国 40 年高速增长,后来这 20 年,应该说我们越来越多的是依靠这个后发优势。

去年诺贝尔奖得主 Paul Romer 强调的是知识创造知识,知识的“外溢效应”。他们用这个来解释发达国家为什么还能够增长,叫作“内生增长理论”(indorgenous growth)。我们也可以借用这个理论来解释我们的发展,用“知识外溢”这个概念思考后发优势,那就是:后发优势就是通过对外开放,融入全球化,通过国际交流,得以把发达国家的知识“外溢”到你这个地方来,外溢到落后国家的经济当中,通过我们的学习和模仿,使得我们可以尽快掌握人类已有的一些知识,取得比较快的进步。

这里我用“模仿”这个词。讨论后发优势,离不开这个词。问题在于,发展中国家模仿不丢人!现在有人把我们的技术进步都归结为偷窃,这是无理取闹。我们当然不否定落后国家总会有一些违反知识产权的事情,但是一方面中国每年花 300 多亿美元买知识产权,加速产业升级,另外一方面,我们学习、模仿大量的不受或已经不受知识产权保护(off-patent)的那些知识,这就是所谓的

“后发优势”！中国做对一个十分重要的事情就是：我们很早就实现了大规模、全方位的开放，让世界上各种先进的知识得以“外溢”到我们这里来！我们很早就开始引进外资，它们带来的不仅是资本，更重要的是知识，包括技术和管理的知识，尽管它们谁都不会“被强迫转移”核心技术。我们很早就开始派留学生，积极参与国际学术交流，这都是学习的过程。后面我们这些年的发展就得益于这种在开放与交流中迅速增长起来的知识！是开放与交流，使得发达国家大量的知识存量得以外溢到我们这里来。对发达国家国家来讲，知识存量产生知识增量，而对于发展中国家来说，一部分知识存量转移到其他国家去，也是一种“知识外溢”，因为它是发展中国家的知识增量！

回到现实中来，以上的分析说明，我们过去恰恰是做对了！包括我们的全方位开放，包括引进外资，包括我们的学习交流，有了这些，才有这40年的持续增长。而现在美国人要做的就是把这些知识外溢的“通道”都封锁起来。现在中国学者谁能去美国访问、去哪个部门都成了问题；中国学生能到美国学习什么专业现在成了问题，据说MIT今年一个中国学生都没招，就是想断掉知识交流的通道。美国人看到了这个问题所在，并在这里做文章来抑制我们的发展，这恰恰说明“后发优势”是多么的重要！

最近发生的这些事件、我们经历的这些历史，都给了我们新的资料，让我们认识到了发展的困难，认识到了未来发展的历程，也使我们得以更要加清晰地分析发展经济学的逻辑。

概括地说，落后国家的发展都要经历这么几个阶段：第一，纯粹依靠比较优势；第二，进入比较优势与后发优势同时起作用的时期，这里的前提是你要在一开始的时候，也就是在第一阶段的时候，就要开始对外开放，学习模仿，主动地受益于“知识外溢”，积以时日，才能在后面的阶段上接续起来，支撑发展；第三阶段，继续学习模仿，同时也到了加大自主创新的阶段了。我们现在就到了这个阶段，发达国家的技术封锁也迫使我们必须进入自主创新的阶段了。再高的一个阶段，是成为世界创新体系的一个组成部分。希望我们作为后来者能够维护这样一个体系，就是一个开放的世界体系，不可能一个国家、一个企业所有的东西都做，都要合作、互利，大家专业分工、互通有无，在一个全球化的进程当中可以实现更有效率的发展。当然了，那个对我们来说还是后话，我们现在是处在第三阶段的开始，我们在许多领域里仍然落后，仍然在基础科学和底层技术上走在后面，仍然要努力学习世界上一切先进的东西，但我们的确也到了自主创新的阶段,也是只有这样才能突破技术封锁。

我们能不能在过去基础上有更大的、持续的发展,这确实要取决于我们是不是能够做得更好,自己把自己的事情做好。首先是改革能不能深入,能不能提高我们体制的效率,真正发挥市场配置资源的作用。其次就是能不能在自主创新上实现真正的突破。科技创新这些事情不是政府补贴能够补贴出来的,不是政府"决定"就能发展出来的,而是要通过一套机制,以知识产权为核心的投资机制、激励机制,才能使得创新不断地发生。

发展中国家遇到的一些困难,遇到当前我们遇到的这类问题,其实是符合逻辑、符合规律的,从一开始我们就说所谓发展就是在有人比你先进、比你强大、而且他们已经统治了市场的情况下我们要赢得一席之地,是一件多么困难的事情。所以,面对像中美贸易战这样的事,我们也不必太过于觉得不可接受。世界本来就是如此,不以我们的意志为转移,我们要做的只是准确地分析它、认识它,然后就是用好我们的发展经济学理论,应对它、破解它,做好自己的事情,努力实现持续发展。你持续发展了,它才会认识到封锁、打压也不起什么作用,情况才能向好的方向发生变化。

中国经济发展与扶贫：70年的启示

新加坡国立大学东亚研究所所长　郝福满

本届论坛的主题为“中国与世界:70 年的历程”,这一主题设置得非常合适,今年恰逢中华人民共和国成立 70 周年。中国在发展和扶贫进程中取得了巨大成功,这对全世界具有重要意义,中国希望于 2020 年真正消除绝对贫困。

习近平总书记在 2018 年的新年贺词中曾说:“这在中华民族几千年历史发展上将是首次整体消除绝对贫困现象。让我们一起来完成这项对中华民族、对整个人类都具有重大意义的伟业。”

中华人民共和国成立 70 周年之际,是反思中国扶贫工作成果的大好时机。首先,了解中国的发展历程,对掌握正确的历史史实至关重要。这是因为围绕该主题的现有著作难计其数,但有关资讯的内容却在不断变化。

其次,了解中国过去的改革历程以及取得成功的根本原因,对未来中国继续开展改革亦具有重大意义。只有了解已经走过的道路、当年做出历史决策时所处的形势,以及这些历史决策对中国经济发展产生的影响,决策者才能够找到继续前进的方向。

再者,反思中国的发展道路对全世界的其他国家和地区日益重要。随着中国经济的飞速发展,越来越多国家把中国当作可以效仿的榜样,看到中国提供了在一代人的时间内从贫穷走向富裕的发展模式。

自 2017 年 10 月召开中国共产党第十九次全国代表大会以来,中国现在也把自己定位为这样的榜样。以下摘选习近平总书记十九大报告的一段话可以说明这一点:“(中国的发展)给世界上那些既希望加快发展又希望保持自身独立性的国家和民族提供了全新选择,为解决人类问题贡献了中国智慧和中国方案。”

中国在世界经济中扮演着越来越重要的角色,它已是重要的对外投资国和进口国,日益成为创新国和科技进步国。中国还提出了中非合作、“一带一路”

等国际发展倡议,并在国际组织中成为重要的利益相关方。所有这些都意味着,其他国家和地区越来越需要、越来越想要了解中国的发展历程。

中华人民共和国刚成立时,中国是世界上最贫困的国家之一。那个时代的官方贫困统计数据已经不复存在,但按照每日1.9美元的极端贫困线,估计当时的贫困人口比例可能超过95%。尽管在“大跃进”运动中遭遇挫折,还在“文化大革命”期间历经浩劫,但中国在早期仍取得了进步。佩恩表(Penn World Tables)显示,在1951—1977年,中国人均消费水平提高了约50%。而且,以劳动人口受教育年限衡量的人力资本从1950年的1.3年/人增长到1980年的近4年/人,已是原来的3倍多。

世界银行1981年的“社会主义经济发展”研究显示,早在1978年以前,中国在提高贫困人口生活水平方面已经取得较好的成果,原文写道:“尽管中国的平均消费水平增长缓慢,但在过去30年里,中国取得的最显著的成就,就是让低收入群体在基本需求方面比其他多数贫困国家的低收入群体过得明显更好。”

尽管如此,在1978年改革开放之前,中国仍属于贫困国家,经济总量仅占世界经济的1.5%。经历40年的改革,中国从一个以农业为主的封闭型经济体,一举成为世界第二大经济体、世界上最大的制造商和出口国、世界第二大研发经费投入国家,并由农村人口为主的社会转变成为以城镇人口为主的现代社会。在未来10年内,中国极有可能完成从低收入国家向高收入国家的转变,并在明年基本消除极端贫困。从1978年至2017年,中国的人均年收入从308美元增至7 329美元。截至目前,已有超过8亿人口摆脱贫困。

中国的改革开放

中国扶贫事业的成功,在很大程度上要归功于改革开放带来的经济持续快速增长。邓小平曾提出“贫穷不是社会主义,更不是共产主义”的著名论断,这之后他还表示,“发展太慢不是社会主义”。

农村贫困状况的大幅改善始于1978年中国开始进行改革,包括1978年在农业方面引入家庭责任制,以及向农村地区引入乡镇企业。到1990年代中期,乡镇企业迅速增长,吸收了大量农村劳动力。自敞开国门欢迎全球贸易和投资之后,城市步入快速发展轨道,尤其是沿海地区。城市的崛起,特别是从1990年代末开始,也吸引了大量农村劳动力涌入城市。

在某些方面,中国的改革遵循了主流经济学家建议的诸多“良方”,例如,中国开放了对外贸易和投资，引入新的经济管理方法，逐步放开物价，实行所有制多元化，强化产权，投资基础设施建设和人才培养。相对的宏观经济稳定使高储蓄率转化为高投资率和快速城镇化，而这些反过来又促进了快速的结构转型和生产率提高。

然而，改革开放政策强调，中国在推行改革进程中应秉承渐进务实的精神，其方法用中文来说就是“摸着石头过河”。具体而言，在国家五年经济计划周期内，先从少数几个区域进行试验性改革，仅当试验性改革确实获得成功并在发展水平和执行能力允许的情况下才会在全国范围内扩展。中国以“摸着石头过河”的方法取代了预设发展方案法和休克疗法，为逐步确定中国自身的制度和发展道路创造了机会。

与此同时，鼓励地方官员全力推行改革，并将所在地区是否成功改革记入他们的绩效考核之中。在 1980 年后，中国推行财政承包制，鼓励地方政府将部分收入增量留给本省，以实现本省的高速增长。总之，中央政府将权力下放给各地方政府，同时在地方官员考核体系内建立强有力的增长激励机制，这不仅符合投资者和地方官员的利益，而且也会促使各地之间为招商引资而竞争，从而减少弊端。这些举措为推动增长提供了巨大动力，反过来也减轻了贫困。

从整体上看，过去 40 年的经济改革可分为三个阶段：1978—1993 年，市场探索阶段；1993—2003 年，市场建设阶段；2003 年以来，市场提升阶段。2017 年，习近平总书记在十九大报告中确定了这些政策方向，同时也强调今后的国家方向：以要素市场化配置为重点，坚持公有制主导地位，大力支持产业政策和科技，以实现“新时期第一阶段（2020—2035 年）”的目标，即实现社会主义现代化建设。

中国的精准扶贫

尽管经济改革是推进中国扶贫的主要动力，但随着改革的持续开展，更加完善和精准的配套扶贫举措日益增多。在第一阶段，扶贫的主要动力源于农村改革，尤其是引进家庭责任制和提高农业采购价格。

在改革初期，具有针对性的扶贫项目犹如凤毛麟角。1984 年确立的以工换粮计划成了为数不多的扶贫项目之一。该计划强调开展农村小型基础设施建设，包括县道、农村节水工程、供水工程等，以推动贫困地区的经济发展，改善农民的贫困问题。更重要的是，目前被视为中国第一个规划和组织的大规模扶贫项目——中国西部甘肃（定西）和宁夏（河西、西海固）三个地区的“三西”专项扶贫计划已正式启动。中国政府从 1982 年开始每年专项拨款约 2 亿元,组织实施为期十年(1982—1992)的“三西”扶贫开发计划,并于 1999 年提前一年实现了整体基本解决温饱问题的目标。

在第二阶段,“六五计划”(1986—1990)成为第一个明确关注中国最贫困地区减贫的五年计划。随着最高层政府越来越关注贫困问题,1986 年扶贫领导小组成立。扶贫领导小组直接向国务院汇报工作,其设立旨在“统一扶贫举措步调,尤其是加快贫困地区的经济发展”。随后,在全国范围内,每个政府层级直至县级均设立贫困地区开发办公室,以监督开发式扶贫工作的落实情况。

1986 年,扶贫领导小组的首要任务之一是定义绝对贫困。事实上,在改革开放之初,中国的语言里并没有贫困的概念,自然而然也就没有“扶贫”一词,更没有一套以收入为基础的贫困标准。最新引入的“贫困”一词由两个字组成。其中,“贫”意即“收入少”,“困”表示“艰难”或“痛苦”,两者结合之后意味着“收入少,以至于陷入艰难痛苦的环境中”。后来,扶贫领导小组确定了贫困补助对象需满足的基本条件:(1)按 1985 年价格计算,人均年收入不超过 150 元(约合 53 美元);(2)每年至少有三个月出现食物短缺的情况;(3)在方圆 2 公里和地下 100 米之内找不到饮用水;(4)一年之中至少有 6 个月缺乏灌溉用水。这为扶贫领导小组推行中国极其成功的精准扶贫计划奠定了基础。

尽管如此,到了上世纪 80 年代后半期,由于农产品价格上涨速度减慢,农民收入增速放缓,加上沿海地区发展战略形成之后,中国的战略重心和投资重心转向沿海城市,因此扶贫进程开始减速。1988 年 2 月,国务院正式批准中国沿海发展战略,从此开辟了扶贫搬迁的新道路。

1991 年 1 月,《关于深化企业劳动人事、工资分配、社会保险制度改革的意见》出台,标志着中国朝着更加自由的就业市场和更加灵活的工资待遇体系方向迈出重要一步。劳动力转移就业确实成为中国减贫的主要动力:外商直接投资的快速增长以及中国制造业出口需求的不断攀升推动农村人口流向城市。据统计,从农村转向城市的流动工人在 1990 年为 2 500 万人,而到了 2016 年,却激增至 1.75 亿人。截至 2016 年,全国农村外出务工人口超过 2.8 亿人。

1994 年,第一个国家全面综合扶贫计划“八七计划”获批。此处“八七”的含义是,“用 7 年的时间让全国 8 000 万贫困人口摆脱贫困”。“八七计划”标志着中国从救济式扶贫向开发式扶贫转变,力争用 7 年的时间(1994—2000)基本解决当时全国农村 8 000 万贫困人口的温饱问题。

自1993年中共十四大决定建立市场经济体制以来，为加快经济改革进程，必须为下岗工人搭建城市安全保障网。这一举措从上海开始施行，然后推及其他城镇，旨在全面取代国企工作人员的“铁饭碗”。1998年，城市最低收入保障计划（简称“低保”计划，与“五保”计划基本相同）和特困家庭救助计划（简称“特困”计划）正式走进特定的一些地区。

2001年，国务院批准《中国农村扶贫开发纲要（2001—2010年）》，自此之后，中国在脱贫征程上又迈开了新的步伐。除了巩固偏远贫困地区的温饱成果之外，该纲要标志着扶贫开发的主要任务已经从解决温饱问题（衣食问题）过渡为实现小康，同时也预示着扶贫政策的下一个阶段就是构建和谐社会。

在加入世界贸易组织之后，中国经济呈现井喷式增长，贫困人口数在本世纪头十年迅速减少。2003年前后，随着劳动力市场逐步收紧和农村剩余劳动力日益减少，工资水平上涨，贫困人口规模大幅减少。在本世纪头十年之初，每人每天消费不足1.9美元的贫困人口比例已降至30%，而到这十年之末，每日生活费低于1.9美元贫困线的人口比例已降至10%以下。此外，在本世纪头十年末期，精准扶贫、社会保障、社会保险等脱贫攻坚机制的基本方案已经准备就绪。接下来十年的目标，就转变为大规模扩张这些机制，瞄准到家庭层面，并动员举国上下与贫困作斗争。

近十年来，中国关于贫困问题的关注点已从扶贫转向消除贫困。贫困对经济增长的影响也已减弱：剩余贫困人口往往居住在偏远地区，与市场经济的联系较小，或者因患病或残疾无法工作。为消除贫困，需采取更加明确精准的措施。

在这个十年开始之初，政府上调了连续二十年未曾变动过的贫困线。根据这一新举措，时任国务院总理温家宝承诺到2020年“基本”消除贫困。《中国农村扶贫开发纲要（2011—2020年）》的正式启动，明确了后续的扶贫议程，标志着政府已经做出消除贫困的高层政治承诺。

在习近平担任国家主席之后，中国消除贫困的伟业受到更大的关注：习近平主席将“精准脱贫”作为其任期内的三大“攻坚战”之一（其他两大攻坚战分别为“防范化解金融风险”和“污染防治”）。中国共产党于1921年成立，并在1949年上台执政时成立了中华人民共和国。为纪念2021年和2049年这两个里程碑事件100周年，习近平主席制定了一系列目标，即众所周知的两个“百年目标”。

当下正处于实现第一个“百年目标”的关键冲刺时期,扶贫征程的“最后一公里”迎来了更加伟大的个体扶贫目标,即我们耳熟能详的“精准扶贫”。在2018年打好精准脱贫攻坚战座谈会上,习近平指出了“精准扶贫”的概念:“坚持精准方略,提高脱贫实效。脱贫攻坚,精准是要义。必须坚持精准扶贫、精准脱贫,坚持扶持对象精准、项目安排精准、资金使用精准、措施到户精准、因村派人(第一书记)精准、脱贫成效精准等‘六个精准’,解决好扶持谁、谁来扶、怎么扶、如何退问题,不搞大水漫灌,不搞手榴弹炸跳蚤,因村因户因人施策,对症下药、精准滴灌、靶向治疗,扶贫扶到点上扶到根上。”

为了提供精准扶贫脱贫工作所需的数据,政府于2014年编纂了一个国家数据库,里面包含12.8万个贫困农村、2 948万个贫困户以及8 962万贫困人口的数据。这些数据涉及贫困家庭的基本资料,贫困原因、需求,扶贫攻坚需求,扶贫负责人以及扶贫结果,由工作人员负责收集并录入电脑。为支持政府的扶贫攻坚工作,中央和地方政府增加了大量的扶贫资源,银行体系甚至私营部门也纷纷加大资源投入。各级公务员需要亲自负责管理资源和实现扶贫攻坚目标。

众志成城之下,精准脱贫工作取得显著成效。党的十八大以来,全国农村贫困人口累计减少6 853万人。截至2017年末,全国农村贫困人口从2012年末的9 899万人减少至3 046万人,累计减少6 853万人;贫困发生率从2012年的10.2%下降至3.1%。

若干初步经验

只有进行更加全面的分析,才能充分了解中国扶贫攻坚取得成功的确切原因、政策本身到底发挥了多大的作用,以及精准扶贫措施的有效性如何。尽管如此,我们仍可以得出一些初步的经验教训。

第一,毫无疑问的是,中国改革带来的快速增长是推动扶贫取得进展的一个关键驱动力。归根结底,扶贫工作实际上就是促进增长的工作。1980年代初,农业改革对推动扶贫工作的进展卓有成效,这主要可归因于大多数贫困人口依赖农业生产。1981—2017年,国内生产总值每增长一个百分点,贫困人口比例就降低0.97%。中国当时将发展重点放在农业和农村地区是一个强有力的扶贫政策之举。随后,结构转型和城市化进程产生迅速壮大的移民潮,开启了脱贫的又一新途径。

第二,扶贫攻坚事业自一开始就受到最高层政府的强大政治支持,如邓小平提出“贫穷不是共产主义”的著名论断；习近平将消除绝对贫困、反腐倡廉以及污染防治作为其任期内的三大攻坚战。坚持不懈、始终如一的领导，为各级政府在本地区和职责范围内推行扶贫攻坚工作奠定了基础。

第三，中国成立了专项授权扶贫组织，有计划地开展扶贫攻坚工作。1986年，扶贫领导小组成立(后来更名为“扶贫开发领导小组”)，和当地的贫困地区开发办公室发挥了至关重要的作用，它们共同倡导扶贫和制定策略方案，因地制宜推行减贫计划。

第四，1994 年 4 月，国务院印发实施《国家八七扶贫攻坚计划》，又称《八七扶贫计划》；2001 年 6 月，国务院印发实施《中国农村扶贫开发纲要(2001—2010年)》；2011 年 5 月，中共中央、国务院印发实施《中国农村扶贫开发纲要(2011—2020 年)》；2016 年 11 月，国务院印发实施《“十三五”脱贫攻坚规划》，这是第一个五年扶贫开发专项规划，提出了到 2020 年消除贫困的具体方案。

第五，中国有计划且循序渐进地向极端贫困人口提供资源。中国适时调整推行扶贫政策的方式方法：一开始，全国推行统一政策，后来逐渐转变为实施地区政策，如西部大开发战略，以及贫困县—贫困村—贫困户脱贫政策等。在过去 5 年中，以 8 000 万贫困户的数据库为基础的“精准扶贫”指导政府在“最后一公里”瞄准剩余贫困人口的工作。中央政府也将其对农村医疗保险和农村养老计划等国家计划的支持集中在最贫困的省份。自 1994 年的财税体制改革以来，中国的财政体制也通过均等化拨款的方式不成比例地向相对贫困的地区分配资金，且资金投入仍在不断增大。

第六，尽管不平等加剧一直是决策者和公众关注的问题，但中国关注的是，首先确保所有人都能从改革中受益，而不是避免不平等加剧，正如邓小平提出的著名论断：“我们的政策是让一部分人、一部分地区先富起来，以带动和帮助落后的地区，先进地区帮助落后地区是一个义务。”在改革时期，收入不平等的现象确实急剧增加。但正如前文提到的，随着改革的深入，所有阶层的收入均有所增长，而且对于收入分配的每一部分而言，增长的幅度都堪称巨大。当一些人的收入没有增长时，决策者会采取相应的对策，例如，在 1990 年末国企改革期间，引入“低保”制度；在加入世界贸易组织之后，当农产品价格下降时，为确保贸易收益公平分配，政府取消了农业税和农业费。

第五届世界中国学贡献奖获奖者感言

卜励德（Nicholas Platt）

卜励德大使从事美国外交工作34年，之后担任美国亚洲协会会长12年，2004年7月1日以来任亚洲协会荣誉会长。1962—1963年，在美国国务院语言学校接受中文（普通话）培训。1964—1968年在美国驻香港总领馆任中国分析员；1972年，陪同尼克松总统完成了历史性的北京之行，此访标志着中美关系的恢复；在1973年设立的美国驻华联络处，是首批成员之一。曾在加拿大、日本任职，历任美国驻赞比亚大使（1982—1984年）、美国驻菲律宾大使（1987—1991年）、美国驻巴基斯坦大使（1991—1992年）。曾在哈佛大学和约翰·霍普金斯大学高级国际研究学院接受教育，系美国外交关系协会成员、中国文物保护基金会董事、中美教育基金咨询会主席以及佳士得美国顾问局顾问。2011年以来，一直担任费城交响乐团中国项目高级顾问。2010年3月，出版回忆录《中美关系中的“中国男孩”》。

我很高兴回到上海社会科学院，并非常荣幸地接受世界中国学贡献奖。本人能够获奖，说明中国方面已将一名外交工作者和私营部门管理者纳入学术荣誉者行列。这一趋势让人欣喜，这意味着，那些实际主管外交关系的人士，能够与高瞻远瞩地研究和分析外交关系的学者一道，为这一领域作出贡献。

这是我第五次参加这一论坛。上海社会科学院历任领导长期以来都是我个人从事中国研究的良师益友，我得到了上海社科院张仲礼院长、尹继佐院长等历任领导的指教。李轶海先生带领的团队也给予了极大的帮助，翻译了我的回忆录《中美关系中的“中国男孩”》，并促成了该书在中国的出版。

1972年我随尼克松总统首次访问中国，并与亨利·基辛格博士共事，在

1973年设立了早期的美国对华联络处,因此我目睹了中美关系的长远发展轨迹。以往25年里,我大部分工作都致力于中美之间的人文交往,这种交往构成了两国关系的基石。多年来,曾经微不足道、毫不起眼的这些关系已经变得举足轻重,获得了重大战略意义的关系。贸易、投资、旅游、体育、文化、科学、教育已成为中美两国政府高层战略磋商的常设议题。不过,尽管政府设定了合作基调和法律框架,但这些关系却大多由个人或私人机构在进行日常管理。

从事两国关系日常管理的实际工作者往往有其不同的视角,不同于学术界和媒体上高瞻远瞩地研究并提供观点的分析人士。我就是实际工作者之一,几十年来,我跟那些文化机构密切协作,它们在中美之间互动了几十年,培养了彼此的信任,从而能在两国政府战略上缺乏信任的时候维持我们的关系。

中美双方各自的政策转变如今正在威胁两国互相依存的关系,日益放大的冲突和猜疑像乌云一样笼罩着我们的贸易和投资。中国表示,美国的政策执意要阻碍中国的发展,阻止其获得应有的大国地位。我们则指责中国窃取美国的技术,限制美国公司进入中国市场。此外,双方的安全官员都视对方为敌手。

我们别无选择,只能继续前行,把重点放在务实的解决方案上,而不是意识形态的声明上。我们必须努力处理那些令我们对立的问题,包括市场准入、巨大贸易失衡、汇率、知识产权,以及在世界各地的争夺。我们的目标应当是放手让中美两国人民追寻其共同利益,用基辛格的话说,促进两个社会能够“共同演进”。

滨下武志 (Hamashita Takeshi)

滨下武志，日本著名历史学家、汉学家。现任中山大学历史系世界史教授、东京东洋文库研究部部长。曾任日本东京大学、京都大学、龙谷大学教授。2017 年当选美国人文与科学院外籍院士。主要研究领域为中国社会经济史、东亚经济史、东南亚华侨华人史等。著述宏富，撰有《中国近代经济史研究：清末海关财政与通商口岸市场圈》《近代中国的国际契机》《香港：亚洲的网络城市》《朝贡体系与近代亚洲》《中国、东亚与全球经济：区域和历史的视角》《东亚的复兴：以 500 年、150 年和 50 年为视角》，在国际学术界享有盛誉。

非常荣幸、非常高兴获得 2019 年第五届世界中国学贡献奖这一声誉卓著、值得珍重的奖项。

1980 年代初，就在中国实行开放政策后不久，我首次来到中国了解沿海地区的地方工业情况。1960 年代，我这一代人在日本开展中国研究时，曾热烈讨论过长江下游地区的历史记录。我们在东京大学的导师田中正俊(Tanaka Masatoshi)教授选择了中文版的地方志作为教材，那些方志涉及松江、慈溪等地，他另外还选了一些致力于发展地方经济的缙绅的相关传记。从 1980 年代到 2010 年代这 30 年里，我一直在逐个地研究中国地方、沿海地区、中国与亚洲、中国走向全球等情况，认识到了随着中国自身的发展与变革，世界也在发生历史性的变革。

从全球史的角度，我们可以把世界的现状理解为一个重大变迁的时期，即人类社会与自然资源之间的关系在经历着根本性变迁。这意味着人力资源与自然资源之间的历史循环，其中包括气候问题，已在发生快速的变化。

全球化由此给人类社会带来了更强的自然资源意识及更大的影响力。因此，很重要的是，我们应当在人力资源与自然资源的循环关系上，创造一个新层次的全球知识和意识。

随着人类进入后工业时代，全球意识在不断增强，人类社会面临的问题是，如何在人力资源与自然资源之间创立一种新的平衡和循环。就学术角度而言，为了应对这一根本性变化，我们需要创建遍及全世界，打通自然科学、社会科学和人文学科的知识网络。这样，我们就能把这一全球知识网络传给子孙后代，从而有助于在人力资源与自然资源之间实现更平衡的全球循环。

施舟人（Kristofer Schipper）

施舟人，生于1934年，1962年获法国高等研究院博士学位，1983年获法国国家文学博士学位。1962—1970年，受聘为法国远东学院研究员，前往中国开展实地研究。1970年返法，担任法国高等研究院中国宗教讲座教授。1975年牵头成立欧洲汉学学会，在次年的巴黎年会上发起“道藏研究项目”，获欧洲科学基金会资助。1993年起兼任荷兰莱顿大学中国历史讲座教席、荷兰皇家科学院院士。代表作包括《道体论》(*The Taoist Body*)、《道藏通考》(*The Taoist Canon: A Historical Companion to the Daozang*)。曾先后获得儒莲汉学奖、法国荣誉骑士勋位、中国国家友谊奖、第五届中华图书特殊贡献奖等荣誉。

获得本届世界中国学论坛奖项令我深感荣幸，也为世界各地研究中国文化的同道们感到高兴。如果说我个人有什么值得嘉奖的学术成就，那完全是得益于在欧洲，尤其是法国汉学界数代热爱中国文化的杰出的先辈学者们研习、积累与传承的结果。而这一优良的传统还在继续发扬光大。如今，不仅巴黎好几所大学设有中国文化讲座教席，聚集众多世界各地，包括中国的年轻学者前来学习交流，同时还与各个中国学研究机构保持着密切联系。因此，这一奖励应属于欧洲的新老同行们。

至于我自己，从阿姆斯特丹中学毕业之后，进入了法国巴黎大学，那是我与中国结下缘分的开端。1962年获得博士学位，受聘为法国远东学院研究员，我前往中国，开启了全新的学习历程。

从那时以来，经常有人问我，为什么要穷尽一生研究道教，包括其哲学、历史、科仪及其在中国文化中的角色。这个问题的答案实际上非常简单:我学习道教,是因为我在法国的老师研究道教。在他们的讲课中,中国本土的哲学和宗教是传统研究课题。从一开始,道教研究就是法国汉学的重要组成部分。法国汉学的开创者儒莲(Stanislas Julien, 1797—1873),作为在欧洲教授中国语言和文化的首位训练有素的汉学家,不仅翻译了《老子》,而且完整翻译了《太上感应篇》及其注疏。真正科学的道教研究从此兴起,其中的学术大家有沙畹(Edouard Chavannes, 1865—1918)及其学生马伯乐(Henri Maspero, 1883—1945)、葛兰言(Marcel Granet, 1884—1940),以及他们的学生同时也是我的老师石泰安(Rolf A. Stein, 1911—1999)和康德谟(Maxime Kaltenmark, 1910—2002)。在这个谱系中,我算是法国汉学领域中的第四代研究者。

此时此刻,我也应该感谢使我今天能够到场参会的人们。首先,我要衷心感谢上海社会科学院院长张道根教授,还有本届世界中国学论坛组委会秘书长王振教授,以及多年来给予我支持的福州大学。

同时,我也深深地怀念约 60 年前教我古汉语的导师张馥蕊教授;我在巴黎大学的老师石泰安教授和康德谟教授;还有饶宗颐教授,他在 1962 年之后指导我在中国的研究及欧洲科学基金会的道藏项目;凌纯声教授,他是了不起的民族学家,曾受教于葛兰言教授门下;任继愈教授、汤一介教授、侯仁之教授以及其他许多同样已经谢世,但我将永远深切感念的人们。最后,请允许我感谢妻子袁冰凌教授对我的所有照顾与支持,以及我们出色的助理卢雯女士。

杜维明 (TU Weiming)

北京大学人文讲席教授，北京大学高等人文研究院创办院长，哈佛大学荣休教授，美国人文社会科学院院士。1940 年出生于昆明，长于台湾。先后求学于东海大学和哈佛大学，1966 年获哈佛大学博士学位。代表性学术出版物包括《行动中的新儒家思想——青年王阳明》《中庸洞见》《仁与修身》《儒家思想：以创造性转化为自我认同》《道、学、政——论儒家知识分子》《具体之仁的全球意义》等。在倡导“文明对话”和“文化中国”理念方面发挥了重要作用，并对启蒙思想的局限和多元现代性的挑战进行了批判性反思。

我非常荣幸能获得这一奖项，但也心有惶恐。为了表示我的感谢我愿意把近年来思考的尚待完善的哲学议题——“学做人”提出来供大家参考。

2018 年第 24 届世界哲学大会在北京召开，主题是“学做人”(Learning to be Human)。正式的中译是“学以成人”。2015 年国际世界哲学学院(IIP)的年会也在中国召开，主题是“人的维度”(Dimensions of the Human)。哲学界重视“人”的研究，既是回归“轴心时代”——希腊、希伯来、印度和中国文明起源时期先哲们追求终极意义的智慧，也是因应当前人类面临的严重困境的反思。在自然环境被不可逆地破坏、世界秩序动荡与解体、种族主义复辟、人际关系被钱权宰制的大背景下，我希望人通过对自身的反思，重构精神世界，追求意义，学习做好各种角色的自己，建立“如何做人”的自觉。这种自觉与主体性、社会性、自然乃至天道密切相关。“天人合一”以及“仁者以天地万物为一体”不仅是学做人的最高理想，也是每个人在日常生活中随时随地可以“体知”的道理。

儒家的精神人文主义必须关注的四大议题：第一，个人的身体、心知、灵觉与神明如何融会贯通;第二,人与人之间,通过家庭、社会、国家和世界如何形成良性互动;第三,人类如何超越人类中心主义,与自然取得持久的和谐;第四,人心与天道如何相辅相成。我希望,儒家所体现的仁道,是通过各文明的深层的对话,修正启蒙心态所突出的“凡俗的时代”,成为 21 世纪人类哲学思想的重要资源。

圆桌会议演讲实录

第一圆桌议题：中国特色社会主义发展的世界意义

共和国的坚实根基，共产党的最大底气（中共中央党校原副校长 李君如）

“人民是共和国的坚实根基，人民是我们执政的最大底气”，这是习近平主席在2019年新年贺词中对新中国70周年最精辟的总结。中国共产党取得成功的最基本经验就是围绕“人民”，就此我讲三点看法。

第一点，人民是共和国的标识。新中国成立之初就明确人民是共和国的标识。毛泽东说过我们是人民民主专政，各级政府都要加上“人民”二字，我们国家叫中华人民共和国，军队是人民解放军，警察是人民警察，公安是人民公安。在中国的经济社会和文化领域也是如此，货币是人民币，银行是人民银行，教育是人民教育，文艺叫人民文艺，医院叫人民医院，等等。这些政治现象反映了中国共产党的执政思想，不同时代背景下人民的内涵也在发生变化。

第二点，人民民主是新中国的本质特征。土地改革的时候，曾经出现一个错误口号，“贫雇农打江山坐江山”，因为毛泽东这个观点是解放战争时期及新中国成立前夕讲的，基本精神就不是少数人打江山坐江山，这一点始终是中国共产党基本的遵循。

共产党作为中国民族力量代表，作为长期为民族奋斗的党，没有凭借枪弹的力量独霸政权，而是采取民主的方式共同建立新中国。如在“五一口号”中明确提出，各民主党派、各社会团体联合召开政治协商会议。中国共产党在长期民主实践中创造了两种民主形式：一是选举民主，二是协商民主。这两种不同的实现形式，相辅相成，实现了最广泛的人民民主。

第三点，为人民执好政。中国共产党要得到最广泛人民群众的拥护和支持,就要求中国共产党恪守"为中国人民谋幸福、为民族谋复兴"的初心和使命,始终把执政和掌权作为根本的使命。因为国家权利对于革命党来说是一把双刃剑,所以中国共产党一方面尤其重视党的建设,特别是党的作风建设,反腐倡廉建设,另一方面,更加重视怎么为人民执政掌权。对此,毛泽东最早发现并致力于解决两个问题:党推荐管理经济的干部和执政的干部是否能够真正忠实于党和人民,是否能真正代表党的根本利益。改革开放以来,邓小平同志提出要推进党和国家民主制度改革,意义也在于此。

我们必须更加自觉坚持以人民为中心的思想,坚持党对一些工作的领导,坚持以人民为中心,这两条同时并重,不能厚此薄彼。

改革开放不仅深刻地改变了世界,也深刻地影响了世界(中共中央党史和文献研究院院务委员会原委员　冯　俊)

建立中国共产党,成立中华人民共和国,推进改革开放和中国特色社会主义事业是中国 100 年来三大历史事件和三大里程碑事件。改革开放这场中国的第二次革命,不仅深刻改变了中国,也深刻影响了世界。

第一,改革开放深刻地改变了中国,体现在中华民族迎来从站起来、富起来到强起来的伟大飞跃。中华民族是一个古老的民族,历史上曾经是世界上经济最发达、民生最富庶的国家之一,但自 1840 年第一次鸦片战争,逐渐沦为半殖民地半封建国家,直到中国共产党领导中国人民经过 28 年的艰苦斗争才实现中华民族重新站起来。特别是 1978 年以来,我们搞改革开放和社会主义现代化建设,国民经济得到快速发展,人民生活得到极大改善,我们用几十年的时间走过西方发达国家几百年走过的现代化历程,实现落后时代到大踏步赶上时代、引领时代的跨越。

第二,中国特色社会主义给世界提供一条不同于西方现代化的道路。习近平总书记在十九大报告中讲到,中国特色社会主义道路、理论、文化不断发展,拓展发展中国家走向现代化的途径,给世界上既希望发展又保证独立性的国家和民族提供了全新选择。

第三,中国坚持走和平发展的道路,推动构建人类命运共同体。正如习近平主席倡导的,坚持对话协商,建设一个持久和平的世界;坚持共建共享,建设一个普遍安全的世界；坚持合作共赢，建设一个共同繁荣的世界；坚持交流互鉴，建设一个开放包容的世界；坚持绿色低碳，建设一个清洁美丽的世界，这是中国对世界和平发展作出的贡献。

第四，中国特色社会主义在中国取得了今天的成功，改变了世界的格局和发展趋势。如果社会主义在中国没有取得今天的成功，如果中国共产党领导和我国社会主义制度也在苏联解体、东欧剧变那场多米诺骨牌巨变中倒塌了，或者因为其他原因失败了，社会主义实践又要长期在黑暗中徘徊。由于中国特色社会主义不断成功，冷战结束后，社会主义同资本主义竞争中被动局面也得到很大程度的扭转，社会主义优越性得到很大程度的彰显。

在世界的东方，一个占世界人口五分之一的大国，实行的是社会主义，改革开放使中国特色社会主义显示出光明的发展前景，宣告了历史终结论的破产，这些都说明中国深刻地影响了世界。在改革开放 40 年实践探索中，我们形成了中国特色社会主义道路、理论、制度和文化。面向未来，中国改革不停顿，开放不止步，一定会创造出让世界刮目相看的新的更大奇迹。

中国道路对世界社会主义的理论贡献（上海社会科学院原党委书记、教授　潘世伟）

中国的发展到底对世界社会主义运动有什么样的贡献？这是一个具有挑战性的题目，我想从下面三个方面谈一些看法。

第一个看法是中国道路、中国发展，展示人文对更美好世界的一种理想追求。很多人以为世界历史将终结于资本主义，但随着世界历史的推进，越来越多的人认识到资本主义只是人类文明发展过程中的一个重要阶段而已，内涵有很多不合理。而我们现在信仰的马克思主义、社会主义就是所有对于资本主义批评当中最为准确的一种认识。中国一直坚持社会主义应当以资本主义已经创造和积累出来的生产力和文明为起点，力求文明延续获得更合理的境界，形成人类的共同体、社会的共同体，这是中国对于一种更美好社会形态的理想追求作出自己的贡献。

第二点是中国道路、中国发展，开创了人类现代化的新路径。人们一度认为现代化就是资本主义，资本主义就是现代化，但是中国的实践并没有受到这种约束。中国的实践以及所取得的成就证明在落后国家语境下,社会主义可以承担原来由资本主义承担的现代化任务。不过,现代化新路径并没有完成,中国现代化的复杂性、难度系数前所未有。如何实现经济结构、产业结构,从中低端到中高端的飞跃和转换,如何实现经济发展与政治发展、文化发展、社会发展、生态发展一种整体性的均衡等问题亟须我们用新的知识储备、新的执政能力、新的理念去解决。

第三点就是中国道路、中国发展显示马克思主义内在的创新能力。改革开放以来,我国在实践中实现了很多根本性的突破,比如说通过开放,从经济、科技发达的资本主义国家,引入外部先进要素,同时参与要素循环,培育起大规模的商品能力,迅速成长为世界主要经济体。这些实践当中,实际上都包含很多理论上的突破和价值。比如说市场怎么成为落后国家现代化的努力方向,比如说如何通过现在外部的能量推动社会主义国家自身的发展,等等。

总的来说,中国道路、中国发展、中国成就,对于世界文明、世界社会主义作出了历史性的贡献。但对此,我们还缺乏深入的思考,在内在逻辑、理论概括等方面还要做更多的努力。

中国现代化的特殊性与三大历史主题的形成及其实现(解放军南京政治学院上海分院教授　韦定广)

我这个题目包含三个问题,第一个问题,我们讲中国道路,中国道路形成的内在依据究竟是什么?第二个问题是我们现在都知道,我们在这条道路上,我们最后要完成一个什么样的任务?我们现在把这个任务目标概括为三大历史主题。这三大历史主题之间有没有矛盾?是不是就完全内在一致的?第三个问题是如果这三大历史主题之间存在一定的矛盾,我们怎么来实现这样一个目标,或者说我们怎么在这条道路上走向我们的未来。

我们先来谈第一个问题:中国道路形成的内在依据是什么?我觉得中国道路形成的内在依据是我们中国现代的特殊性。既然这个道路要实现现代化,走什么样的道路就是由现代化本身的特殊性所决定。第一,历史悠久。当我们走上现代化的时候,所面对的历史包袱是非常沉重的。包袱越沉重进行制度性的变革就越困难。第二,人口众多。在一个多人口、多民族的国家里面,实现和维护独立与统一是非常艰巨的。第三,在政治上坚强有力。

我们在这条道路上最终要实现三大历史主题,首先是现代化;第二是民族复兴;第三是中国共产党坚持的社会主义方向。这三大任务是在建设社会主义的过程中探索出来的。值得注意的是,这三大任务之间并不是完全一致,而是存在矛盾的,正因为存在矛盾,所以我们以往才搞得有点坎坷、曲折。

既然三大历史主题之间存在一定的矛盾,那我们如何实现这个目标?实际上现代化和社会主义之间是有矛盾的,社会主义和民族复兴之间也是有矛盾的,搞不好就是民族主义。我们现在把时间点定在2050年,我们到时候三大主题全部实现,皆大欢喜,应该说现在目标很明确。邓小平三步走战略就是2050年实现现代化。社会主义实现现代化之后,才能说真正搞了社会主义,或者说我们社会主义是各国的社会主义。民族复兴现在也很明确,我们现代化实现之日也就是民族复兴实现之时,2050年是一个时间点。

我们之所以能够在这条道路上取得比较大的成功,也正归功于改革开放。但现在与未来,改革开放既面临国内各方面矛盾的挑战,同时也面临更严峻的国际挑战,所以我们论坛主题是"中国与世界70年",中国与世界过去70年已经过去了,未来30年恐怕值得讨论的话题、值得关注的问题更多。

文化反思与中国道路的生成(上海社会科学院研究员　胡　键)

文化的反思实际上是对于一种道路的形成具有巨大的推动力,所以自鸦片战争以来的士大夫和知识分子的文化方式,对于今天所形成的中国道路有重要的价值。

因为实践的研究有很多成果,所以我谈到文化方式的情况。我个人认为从鸦片战争以来,至少有四次大的规模文化方式的情况,第一次可能会说是鸦片战争,因为文化往往是两种情况来引发的,一种是战争,一种是经济发展。今天讲的民族意识,包括民族主义其实都跟鸦片战争有关,这一场战争引发了最重要结果,中国从原来的士大夫文化强烈自负感被文化自卑感取代。

到了洋务运动时期,这种反思依然还是文化表层性的,我们都知道主要还是依赖没有权力的皇帝推进变法,时间仅有103天时间。但是我赋予他非常重要的意义在于尽管他有103天时间,但是这是中国社会长期几千年以来,第一次制度性的反思,以前从来不讨论制度问题。当然我们讲一个柔弱的皇帝,没有权力的皇帝,最终因为变法被关起来了。

到了孙中山的时候,辛亥革命确实是制度再造上面是成功的,因为建立了一个民族共和国,推翻了封建专治制度。但是后来引发的一系列问题,包括袁世凯的篡权,包括军阀混战,说明上层社会的民族或者是革命启蒙是远远不够的,因为一个社会、一个民族要进行制度的再造,必须让制度深入人心当中。

第三次反思是 1933 年,当时有人写了一篇文章。因为战后的问题,第一次世界大战已经结束了,欧洲各国列强都要忙于复苏自己的经济。到了 30 年代,可以说这样的发展必然会引发到文化上面来,所以这篇文章坚持全盘西化。后来因为中国共产党的胜利,中国共产党引领中国人民走向马克思主义,所以这条道路才走到今天。

尽管中国道路已经真正形成,但一种道路并非是一劳永逸的。提出文化强国战略和提升中国文化软实力,这只是一方面的问题,更重要的方面是对于中国来说,中国扮演什么样的角色和中国崛起过程当中,究竟以什么为价值基础。梁启超先生当年曾经说过,中国要有世界责任,一国之强不是中国责任,中国要有天下观,就是天下的使命。因此要去民族主义,坚持世界主义。五四时期对于中国影响非常大。今天就是我们讲的处于新时代中国,中国大国成长究竟以民族主义为支撑,还是以中国创新世界主义为价值,这样的答案是不言自喻的。

历史意识、民族认同与跨文化对话(比利时根特大学教授　巴德胜)

我们的世界是越来越全球化的世界,全球化的世界需要有一个互相了解的对话。可是互相了解各个国家是一个不怎么简单的问题。每个国家有自己的历史背景,历史背景也是会影响到某国家自己的风俗文化。另外一个问题就是不同的人的眼中的中国也是不同的,可能一个经济学家眼中的中国的样子,完全跟一个政治学家不一样,也可能与一个汉学家不一样。我是一个汉学家,所以有的时候我跟政治学家、经济学家谈到中国,我们的看法会不一样。

我相信很大的错误就是把一个国家、把一个文化看成一个固定的东西。我举个例子,19 世纪英国的牛津大学建立了一个新的学科,就是比较宗教。那个时代在牛津大学比较宗教领域的教授,就是把儒家当作一个宗教。那是一个很大的讨论,但是到现在讨论还是存在的。儒家是什么?是宗教吗?难说。但是从欧洲 19 世纪来看,应该是一个宗教。

所以,互相了解是一个很重要的东西,这也是说明为什么中国的 19 世纪知识分子想学习欧洲。从这个角度来看,我最后还是想提到以前英国的汉学家,他已经在 1953 年做了一个比较重要的演讲,他说解决世界问题,我们不能只按照西方的看法来做,而应该看到欧洲的做法和错误,也应该注意到世界人口最大部分的亚洲和非洲人的看法,只有这样才能解决世界文化问题。这个说法到现在还是很对的。

大国治道:新中国 70 年发展的奥秘(浦东干部学院教授　刘靖北)

在中国这样一个经济文化落后的东方大国建设社会主义,对于中国共产党来说是一个崭新的课题,奥秘就在于做好结合。

一是坚持马克思主义与中国具体实际相结合。改革开放后,我们把马克思主义具体实际和中国具体实际相结合,探索出一条中国特色社会主义道路。二是坚持共产党领导与尊重中国人民主体地位相结合。中国共产党领导是中国特色社会主义最本质的特征,同时人民群众是历史实践活动的主体,没有中国共产党或离开人民都将一事无成。把党性和人民性结合起来,这也是一条很重要的经验。三是坚持以公有制为主体与坚持发展非公有制经济相结合。改革开放之后,我们一方面探索公有制可以有多种实现形式,同时公有制也可以与各种非公有制经济形式共存。四是坚持自力更生与对外开放相结合。首先要靠自己的力量,同时中国发展也离不开世界,充分利用两种资源才能更好地发展自己,更好地造福世界。五是坚持一部分人、一部分地区先富与最终达到共同富裕相结合。共同富裕是社会主义的根本原则,但这是一个过程,地区之间也有差别,因此需要调动各方面的积极性。六是坚持发展经济与改善民生、促进公平正义相结合。发展是硬道理,是解决中国所有问题的关键,同时要注重效率,注重发展,促进社会公平正义。七是坚持以法治国与以德治国相结合。八是坚持优秀传统文化与社会主义文化相结合。社会主义是一种先进的文化,也是外来的文化,需要怎么结合起来,我们中国共产党在这方面做得还是很成功。九是把中央积极性与地方积极性相结合。从毛泽东开始,提出中央与地方两个积极性,改革开放之后,我们发挥了中央政府与地方政府两个积极性。十是坚持顶层设计与基层探索相结合。我们从1953年起,实行经济社会发展计划,后来叫规划,这是中国改革很成功的方面。十一是经济基础变革与上层建筑变革相结合。政治体制要作相应的调整以促进经济的发展。十二是坚持伟大社会革命与党的自我革命相结合。新时代中国特色社会主义,是一场伟大的社会革命,必须继续推进这场革命。

这些结合既坚持马克思主义唯物辩证法,包括两点论和重点论统一,又继承中国的优秀传统文化,如中庸的智慧,是中国共产党70年发展的成功经验,也是大国的治理之道。

西方马克思主义对中国特色社会主义的解读(意大利《二十一世纪马克思》杂志主编　安德烈·卡托内)

一些西方的知识分子毫不含糊谴责当前中国是一个资本主义复辟的国家,甚至成为新自由主义的主要支柱。

比如说,2004年美国连续出版时间最长的《社会主义》杂志的编辑在一本书中得出一个结论,中国的市场改革并没有导致社会主义的复兴,而是导致资本主义的全面恢复,包括外国经济的日益增长。几年后的2012年,两位加拿大学者在《全球资本主义形成》一书中发表关于"中国融入全球以美国为主导的资本主义"这一章,认为中国远不是美国全球化资本主义的替代品,而是完全融入其中,并成为主要支撑。这些文本可以让我们快速地做一些观察,对于这些学者来说,贫穷中的平等比不以完全平等方式分配的财富更可耻,但是在马克思主义和恩格斯看来,只有在生产力高度发展的情况下,在资本主义生产关系成为生产力进一步发展的障碍,才能实现现代的社会主义。

此类市场经济和机制之间存在矛盾,斯大林1952年在《苏联社会主义经济问题》中首次提到这个问题。他提到城市形式对于资本主义来说是预先存在的,因此这种存在对于商业关系的依赖,并不是资本主义关系的明确标志。但是我们也看到由于生产过于发达,不利于生产力的发展,某种程度上类似于苏俄时期的共产主义战争,列宁1921年提出由国家政策委员会纠正。

列宁曾广泛谈到向社会主义过渡是辩证的过程,它需要一个完整的历史时期，此外谁最终会赢还没有决定。社会主义过渡是需要一个完整的历史时期，它有政治和意识形态的表达。中国正在经历社会主义初期阶段，必须要大力发展经济。

我们都知道在全球都有不平衡、不平等的情况，中国共产党就是在这样不发达的经济基础之上，很好地发展了社会主义。

世界大变局与中国新时代（中国社会科学院政治学研究所所长　张树华）

新中国70年，开辟了民族伟大复兴的新纪元，打破了西式自由民主的神话，开辟了科学社会主义的新境界，为国际上其他国家谋求自主发展开辟了一条新路。

下面谈一谈新中国70年发展的特点和逻辑。第一，新中国政治发展70年，不是照搬照抄他国的政治模式，而是基于中国历史大地，具有开创性，不走封闭僵化的老路，也不走邪路，也不走全盘西化的绝路死路，表现出中国共产党的政治抉择、智慧和定力。第二，坚持了中国共产党的领导，我们始终有政治稳定的核心。第三，始终坚持人民主体地位，不断夯实执政基础和发展的动力。这里面我们认为中国政治道路、政治发展统合了民族、政治、效率三种价值，具有稳定性、发展性、持续性、协调性、包容性。

最后谈谈中国政治经验。我们超越了单一民族论，我们的全面发展已上升到国际层面、世界层面的共同发展，共同发展的理念在习近平提出的构建人类命运共同体的构想当中体现得淋漓尽致。总书记讲共存、共商、共建、共享、共赢。前几届世界中国学论坛的主题中，这些理念都是有的。这些理念应该说是我们政治建设、国际学术界未来发展的大方向。

新时代中国共产党政党治理态势（山东大学教授　崔桂田）

政党治理应该说是世界政党适应性变革当中大的趋势，是为了提高政党的竞争力，增强政党的活力，而对党的干部、党员进行的教育活动。用党的十九大报告来说，包括党的政治建设、思想建设、组织建设、作风建设、纪律建设，推进反腐败的斗争。

我归结为几点,第一是人民利党,我们的党是为人民谋幸福,以人民为中心。第二是政治固党,解决党的方向和底线,党的团结和集中统一,党的政治纲领和路线的正确。第三是思想建党,以马克思主义为灵魂和方法,解决信仰、信念、信心的问题。第四是制度治党,以民主集中制为原则,以当代的法治为依据,规范党员干部的行为,有序开展党的活动。第五是民主兴党,因为我们提出党内民主是党的生命,所以要发扬党内民主,落实党员主体,激发党的生机活力。第六是执纪督党,加强党内监督,强化和落实纪律的执行力。

中国共产党政党治理的逻辑,既以人类的文明和实践文明为大逻辑,又有自己的理论历史和实践逻辑。习近平提出治国必先治党,尤其是党的十八届三中全会第一次提出国家治理体系和治理能力现代化,就是中国共产党的政党治理走上前台。

目前的态势就是新时代注重政党治理的整体和顶层设计,既有大境界又有新格局。我们第一次提出中国共产党的领导是中国特色社会主义本质特征,提出"四个伟大",就是把政党治理和治国理政有机统一,实际上要解决西方政治学当中,党和国家的关系,党和社会的关系,党和人民的关系。

政党治理中我们还提出了抓关键少数和管理绝大多数的有机统一。我们提出从严治党,重在从严治理。我们第一次提出好干部的标准,第一次提出既要打苍蝇又要打老虎。

政党治理的形式从过去的集中性、运动性的教育向常态化、春风化雨式的教育层层推进,这就是目前政党治理当中的态势。

中美关系及全球霸权问题(牛津大学领导力和公共政策项目主任　阿兰·哈德逊)

21世纪,我们看到更多的是动荡,稳定的国际关系没有几年。全球的关系中,所谓的稳定都是相对的。我今天讲的有几点,首先是地区角度,再谈到全球角度。"一战"结束的时候,全球远远没有稳定。那时候美国控制了南美,欧洲控制了中东。美国不是一下子成为全球霸主的,它先是地区霸主,后是全球霸主。

这里还有很多细节需要考虑。一个就是我们所说的人口,这方面美国还是有很大的优势,现在中国的老龄化还是蛮严重的。现在中国小家庭越来越多,但是美国是移民国家,因此可以说美国人口还是很有活力的,他们40%以上的创业企业都是由移民创立的。

我们一直在讨论中美之间的贸易战,但是我觉得中美之间的技术战其实还是更激烈的。其实这并不是“战争”,而是竞争。我觉得竞争给我们带来生产效率的提高,这是对于所有人来说都是好事。说到黏合性和信心问题,目前为止,我们过去20年当中,我们发现中国社会融合度和信心是好于美国的。我觉得政治世界和我们政治传统,一定要做好中间差别的区分。

新时代中国特色社会主义经济与百年变局(北京市社联副主席李翠玲)

所谓世界百年未有大变局,主要是在相对较长的历史时期,人类历史发展未曾出现的变革,人类社会的发展方向和进程处于大发展、大变化、大调整、大转折的重要阶段。

生产力发展根本是科学技术大发展,以及与之相适应的产业升级,世界经济发展每一次都是科技革命引起的产业升级,都会深刻影响世界经济格局和发展变化。这个可能当下就是人工智能等科学技术为代表的新革命正在加速突破应用,在新一轮科技革命的驱动下,重大颠覆性的技术层出不穷,科技成果转化速度更快,从而推动新产业、新业态、新模式巨大变化。

世界经济格局、国际秩序以及经济规则等也在发生百年未有的变化,这些变化至少体现在这么三个方面。第一个是各国在国际经济中的地位发生巨大的变化。随着一大批新兴大国和中国为代表的发展中国家快速崛起,对于世界经济增长的贡献率也越来越大。第二个是经济全球化面临新的调整。经济全球化背景下,世界范围的商品流通更便利,信息传输更深入,各国相互联系依存关系日益加深,要求世界各国之间的联系和彼此依从比以前任何时候都频繁和紧密,中国既处于经济全球化大趋势,又受到逆经济全球化的影响。第三方面体现在国际经济规则需要进行新的调整,随着新兴国家和发展中国家快速崛起,新兴市场国家和发展中国家希望全球经济治理体系更完善,所以各国要求建立一个公平合理的国际秩序和反映世界经济格局深刻变化的全球经济治理体系。

面对百年变局我们应该怎么做?首先是顺应百年变局,做好自己的生产,深刻认识和总结,把握外部环境的深刻变化和我国改革发展稳定面临的新情况、新文化、新挑战,坚持我们的底线思维,增强忧患意识,提高防控能力,保持经济持续健康发展和社会大局的稳定。

其次是积极推进贸易投资的自由化,参与全球贸易投资治理体系和治理规则的制定与执行。顺应经济全球化的转型,以开放、包容、普惠、平衡、共赢的理念为指导,以构建人类命运共同体为目标,积极在金融、贸易、能源等领域,推进全球经济治理体系的不断完善,从而推动经济贸易投资的自由化。

大变局下的中国与世界(《当代世界与社会主义》执行主编 王 瑾)

2018 年 6 月,习近平在中央外事工作会议上深刻指出,当前我国处在非常重要的发展时期。这是习近平总书记面对当前的世界形势,站在人类历史的高度做出的重要判断。这种变化当中,中国何以自处,何以应对,是我们必须要思考的问题。

当前的全球大变局如何来解,我觉得可以从以下几个方面分析。第一个是全球大变局核心是世界舞台中心的转移。自近代以来,整个世界由欧美发达国家主导,非西方国家没有发言权。进入 21 世纪以来,非西方国家整体性崛起,最新的数据是 2018 年金砖国家占有 33%的全球 GDP、42%的全球人口,以及 43%的外汇储备,不得不说这是全球大变局。世界舞台中心的转移,带来完善全球治理机制的大变局。

首先是多边主义机制受到冲击,大国之间权利结构调整使冲突和对抗因素上升。其次是新兴国家和发展中国家参与全球治理的自觉性和主动性日益增强,有更加成熟的全球治理主张和方案并且付诸实践。第三是全球化与反全球化的碰撞。第四是发展模式的竞争,意识形态的竞争。苏联解体之后,资本主义制度横霸世界。经过长期努力和积极的奋斗,新时代中国特色社会主义成功实践使社会主义焕发生机和活力,为人类更好制度的探索提供全新的选择。第五是信息技术不断发展和创新,使得全球大变局呈现动态发展的过程。

第二部分是如何理解全球大变局中的中国角色。这场社会革命具有推动世界革命的积极一面,也有消极的一面。第一个是从局外到局内,从边缘到中心,进一步加大世界融合力度。不断扩大开放与参与,这是中国从富起来到强起来的必由之路。第二个是坚决围绕国际秩序,从参与到引领,进一步提高参与全球治理的积极性和主动性。第三是被动到主动,大力倡导和贡献普遍接受的全球公共产品。第四方面是居安思危,练好内功,对于时代变化和自身发展有清醒的认识和判断。

中国长期处于社会主义初级阶段基本国情没有变化,中国作为世界上最大发展中国家国情没有变。今年是新中国成立 70 年,我们必须认真总结 70 年历史进程的成就和经验,反思不足,唯有如此才能在全球治理中作出更大的贡献。

后发国家实现现代化的中国方案(上海市委党校教授　王公龙)

西方自身发展模式有局限性,比如说 2008 年金融危机,反映出西方发展模式的问题。西方现代化发展模式在一定历史阶段有有效性,我们不要否认,但是并不具有普遍性意义,西方发展中国家往往水土不服,所以西方发展模式并不是检验人类现代化模式的标尺,这是我讲的第一个看法。

第二个看法,中国社会主义现代化有独特优势。作为后发国家,中国走的是社会主义现代化道路,这个社会主义现代化跟前面的华盛顿共识、新自由主义在发展中国家实践相比较而言,中国更能解决发展中出现的问题。中国的独特优势在哪儿? 在强大的领导。党的领导是中国特色社会主义最本质特征,党的领导是中国特色社会主义制度最大优势。

进入新时代,我们把现代化发展跟民族复兴联系起来,跟民族发展的历史使命联系起来,这就要解决民族面临的主要矛盾和问题。同时我们强调现代化要立足国家的现实。

中国现代化进入新时代以后,要探索新的路径。我们跟西方串联不一样,习近平总书记讲我们走并联式,即工业化、信息化、城镇化叠加发展。中国实现现代化是人类历史上前所未有的大变革,这个模式创新对于人类走向现代化将产生深远的历史意义,因为实践证明,中国是第一个不走资本主义道路,通过社会主义实现现代化的强国。

一个民族、一个国家,要走向现代化,一定要立足自己的国情,自主探索,只要路找对了,条条大路通罗马。如果说今天我们讲中国道路有它的普遍性意义,我想主要还是在方法论层面,在思维创新层面。我们有信心,当中国到本世纪中叶实现社会主义强国的时候,我们这种现代化不仅对发展中国家,对后发国家有意义,甚至对整个人类走向现代化发展的新高度有意义。

中国文化与民间外交(德国图宾根大学教授　达严思)

我在做中国文化和外交的研究项目,今天我要向大家介绍的是我们的研究结果。我们主要关注三个地区,一个是东南亚,因为东南亚离中国很近,而且东南亚有很多华裔人群。第二个是中亚地区,中亚正好是中国、欧盟、俄国、美国影响力互相交织的地方。我们把宁夏和其他西亚民族国家进行比较,因为丝绸之路中中国和阿拉伯地区的一些历史交织就在宁夏地区体现。第三个是欧洲地区。中国第一个文化中心就在柏林成立的,而且欧洲的第一家孔子学院也在柏林建立。1970年之后,欧洲一直和中国有很好的交流。

现在中国越来越自信,比以往更加自信,而且中国也对世界各种现象有更深刻的认识,所以我觉得中国有足够的实力应对世界的批评。中国对于一些批评很敏感,德国的报纸,美国的报纸,他们对于中国确实是不太友好,但是很多读者知道西方的这些报纸对于任何人都不是友好的,所以中国也不需要太敏感。对于中国的一些批评实际上只是西方报纸爱批评的习惯之一,他们对什么都爱批评。中国要强调自己的实力,强调自己的优势,对于有些批评也不必在意。

中国道路与人类新文明(复旦大学教授　陈学明)

上海应该成为新的人类文明的象征。我们在上海南京路、淮海路、世博会展览区兜一圈,我们一定会发现上海的繁荣程度一点也不亚于纽约、伦敦、东京、巴黎等国际大都市。但是我们仔细想一想,把上海建设成为像纽约、伦敦、东京、巴黎等一样的现代化国际大都市,就是我们上海人的奋斗目标吗?

刚才很多专家的发言都讲了中国模式、中国走向现代化的道路跟西方的区别。我认为我们这个区别不仅仅在于道路的区别、方式的区别,还有一个资本主义的方式、社会主义方式的区别。方式有区别,道路有区别,更重要的是目标有区别。

毛泽东谈到中国的民主革命跟其他国家的民主革命区别的时候,不仅讲了方式的区别、道路的区别,还讲了目标的区别。毛泽东认为我们新民主主义革命是通向社会主义与共产主义的,方向上也有区别。所以上海人现在建设新上海,走在中国特色社会主义道路上,应该进一步考虑上海的定位,上海不仅仅要在现代化这个方向上为自己定位,应该有更深远的发展目标。

现代工业文明正处于危机和历史转折点上,我认为上海的定位,应走上一条富有中国特色、通向新的人类文明的道路。上海的未来不仅仅是建设成为代表现代工业文明的国际大都市,而是要建设成为一个作为新的人类文明标识的国际大都市。

十九大报告指出,我国社会主要矛盾变化是关系全球历史性的变化,我们要在技术推动发展的基础上,着力解决好发展的不平衡、不充分的问题。我认为这个重大判断,迫切需要我们做出理论上的解释。美好的生活是一种朴实的生活,因为它不仅仅是一小部分人的美好生活,而应该是集体人民群众的美好生活。首先应该高度重视生态文明建设,在上海率先实现人与自然的高度和谐。上海应该率先走出个人主义,使上海这个城市建立在集体本位、内本位的基础上。新的人类文明必然是以人为本位的社会,必然是自由的联合体。我们上海还应当在实现人与自然和谐当中,实现人与人之间的和谐。我们上海还应当逐步走向为了人类的需要而进行生产,改变目前以交换价值为目标的生产方式。

美好生活在中国具有历史性的意义,我们希望上海在中国、中国在世界率先实现对于美好生活的希望。

第二圆桌议题（一）：中国经济的改革与转型升级

东亚工业贸易和价值链的变化（韩国产业经济与贸易研究院院长张志祥）

很荣幸和大家讨论全球价值链，全球价值链在我们发展全球工业方面起到了重要的作用，特别是在东亚方面，包括中国和韩国。在过去的几年里，全球的工业发生了巨大的变化，在亚洲区域内中国是一个关键的利益相关方、商品的中间人。除此以外中国也是一个主要的最终产成品的生产国，向西方国家提供很多产品。在需求方面，中国也进口了大量的中间产品和最终的产成品。尽管韩国主要是进口，是目前GBC贸易方面中国的主要贸易伙伴，但是中国也被认为是韩国产品的一个需求地，所以说韩中两国在贸易方面有着密不可分的关系。

在中国工业结构发展后，东亚的价值链也开始变化，简单的产品组装已经没有过去的优越地位。东南亚国家的生产商不断地涌现，韩国会把一些组装的设备搬迁到东南亚国家去，把对中国的投资进行转移。现在中国经济的进步，正对全球的价值链进行重新的塑造，同时美国的贸易保护措施，也对全世界的价值链进行改变，特别是对东亚。美国对于中国的产品增加的关税，不仅会影响到美国本土的产品的生产和中国本土产品的生产，还会影响到整个全球的价值链。同时，全球的产业政策的变化，也会影响到全球价值链。

很多关键的零部件对于全球价值链有重要的影响。美国禁止与华为公司进行合作，其实是美国单边发出的，与此同时，日本也对韩国进行出口管制，也是单边发出的，这样就使得某一个生产的程序无法完成，或者说某一个零部件无法提供。也就是说全球价值链是基于各个国家之间的互信和全球的战略稳定。现在这样的行为，影响到全球价值链的发展。在最近的变化当中，最受到影响的其实就是中国，因为中国是亚洲价值链的核心。而韩国也会受到必要的影响，因为它和中国在全球价值链中有着非常密切的联系。

为了正确地回应这种变化，我们必须要建立一种新的韩中关系，无论是横向还是纵向。在生产和供应方面，如果我们在生产同一个产品，就应该进行横向的合作，为大家提供多样化的产品。在技术方面，需要转变成一种能够互相操作的系统。中国的发展非常迅速，无论是大数据、人工智能，还是其他的技术。韩国的公司为进入中国市场，也不得不使用中国的人工智能和大数据技术。而韩国的公司也应该和中国之间共同发展，开发一些新的技术。

总的来说，随着东亚价值链的不断的发展，韩国和中国在未来应该改变现在的关系，变得更加横向发展。希望我们能够有一个更加和谐、更加有机发展的关系，来获得共同发展。谢谢!

世界投资贸易格局变化与中国改革开放深化（上海市经济学会会长、上海全球城市研究院院长　周振华）

一般来说世界投资贸易，通常是作为我们国内经济运行的一个变量，那么它和改革开放到底是什么关系？到底现在的改革和过去40年有什么区别？

第一，从改革开放的出发点来讲。当年我们改革开放从促进生产力发展、摆脱贫困和走向小康，现在我们的深化改革开放转向中国崛起，日益走近世界舞台中心。第二，从改革开放的方略来讲。过去我们改革开放，融入经济全球化，参与国际分工，是利用两种资源、两个市场，现在我们的改革开放事实上是转向了主动参与经济全球化，而且中国经济成为世界经济的重要组成部分，甚至是世界经济的引擎之一。

所以在这种情况下，来谈投资贸易格局的变化与中国经济改革开放，应该是有内在关联的。世界投资贸易格局发生了什么变化呢？从目前来看，大家聚焦于到底是去全球化、逆全球化还是全球化的进一步深化。我想换一个角度来讲，从结构上、格局上来讲。首先，虽然贸易保护主义兴起，世界的货物贸易增速明显减缓，但同时服务贸易增长还是比较快速的，这意味着全球化的领域在进一步的拓展。上世纪70年代以来,当时主要是制造业部门和金融部门主导着全球化。现在越来越多的服务行业,也纳入到全球化进程中来。这个意味着并不是去全球化、逆全球化的问题,而是进一步深化的问题。第二,原先整个世界版图上面主要是南北贸易轴,但是现在贸易的东西轴也越来越强化,而且又出现了以中国为代表的新的贸易轴,主要是"一带一路"新的贸易轴。第三,是跨国公司的全球产业链布局策略的调整。跨国公司逐渐从全球产业链离岸布局转向近岸,所以跨国公司全球产业链的构造也会相应发生变化。第四,是区域性的投资贸易协定逐步占据主导地位。我们原来全球治理,主要是依托WTO的多边投资的体制框架,现在的区域性在全球治理当中作用会越来越大。这些变化直接决定了中国现阶段改革开放的一些重点。

针对第二个东西贸易轴,包括"一带一路"新的贸易轴的出现,中国自身内部就有一个深化改革问题。在这个贸易轴里面,如果中国要占据主导地位,要有引领作用的话,一定伴随着相应的制度要输出。针对第三个随着跨国公司的全球产业链近岸布局,对我们来说面临的改革开放深化,就是区域一体化发展和自贸区新片区的制度创新。对中国来说,未来吸引外资会改变一种方式,整个经济系统按照产业链的要求来进行空间布局,会相当的密集或者是趋于收敛。这种收敛最后就聚焦在一些主要的区域,特别是发达区域,所以长三角一体化并不仅仅是为了促进长三角内部各个城市的发展,事实上它还有一个如何来承接亚太地区全球产业链的布局,包括上海的新片区实行特殊的制度安排和政策,都是为了这样一个应对。针对第四个,越是双边的、区域性的投资贸易协定,它的标准、要求一定比多边的要高。所以中国如果不想被边缘化,一定是在自身的营商环境实行高标准,而这种高标准的营商环境更主要的是在于市场进入的竞争性,劳工权益的保护、环境的保护等这些根本性的问题上。

所以对中国来说,应对世界投资贸易格局的变化,我们重点推进的改革开放的一些方面,其实也就凸显出来了。

中国经济改革、转型与升级(哈佛大学经济学教授　理查德·弗里曼)

今天要讲的主题是中国在过去取得非常巨大的成功,无论是经济发展,还是产业发展。中国的政策现在来到一个转折点,因为我们看到中国未来在科技发展方面应该会成为世界上的一个领导者。中国在科研和技术发展方面有一个相对的优势。世界上没有任何一个其他的发展中国家有这样的实力,所以我在这里想跟大家分享中国是如何做到这一点的。

中国是如何从一个科技上落后的国家,变成了现在的一个先驱者,而且花的时间非常短?首先,是对于人才的大量投资,在“文化大革命”之后有大量的学校开始建立,而且大学变得越来越大。中国每年大概有两千万到三千万的学生进入大学。现在中国送出的留学生的数量是非常之巨大的,对于美国来说,现在倒有一个奇怪的政策,好像不太让中国学生来到美国,对他们进行限制。

第二点,在中国有很多学生毕业以后,可能会找不到工作,对此中国做出了巨大的决定,就是进一步的发展研发。我记得之前跟中国的官员有讨论过,我就说你们有很多脱贫的问题要处理,为什么要把钱都花在研发上呢?中国官员他们显然比我有远见,他们觉得应该是在研发当中投资。中国大部分的研发,都是用于民用的项目。现在中国在购买力已经超过了欧盟。我觉得中国很多的科研能力,现在受到了低估,因为中国很多科研人员的工资是低于美国科研人员的。可能未来我们在这一方面会做出进一步的改变。

另外一件中国做的比较好的事情,就是鼓励科学家、学者在国际的期刊上发表文章。可以看到现在全球的数据中,中国发表的文章数量已经超过了美国。如果一篇文章发表在中国期刊上,它的影响力只有发表在英文期刊上的五分之一。这就意味着还有巨大的潜力可以发挥。随着论文数量的增加,将来被引用的论文数量也会提升。目前有很多人比较关心的是 AI,政府会告诉我们说中国将来将在 AI 人工智能方面成为“巨人”,其实中国在 AI 方面发表了更多的论文,几乎要和欧洲持平。预期 2020 年中国会超过美国,成为“AI 人工智能”论文当中被引用数量最多的国家。

最后我想说中国现在已经建立了比较性优势,现在中国的很多科学家已经处于各项研究前沿当中。我相信有很多其他的国家都是有相应的科学家,他们都很急切地希望做一些创新。

总结一下,这是历史上第一次,一个国家还没有达到发达国家的水平,却在科技方面有了飞跃的增长。而且我觉得这样的发展的趋势,在未来还会延伸下去。

理解中国经济:长期增长与短期波动(复旦大学就业与社会保障研究中心主任 袁志刚)

经济增长理论中最核心的争议是劳动生产力的增长,如果没有劳动力的增长,这个国家增长也持续不了;其次是人口,不仅是数量和质量,还有R&D;除此之外还有中国制度的改革,任何进步都离不开制度改革;同时中国作为一个后起国家,有一个结构红利。人口红利、制度红利和结构红利支撑了中国40年非常重要的增长。

制度改革三大阶段,一是市场经济探索阶段,二是市场经济的建立阶段,最后是深化阶段。中国过去40年有三个故事。第一个故事就是招商引资,用7亿多人的劳动生产力对接生产要素。第二个就是区域化,分税制以后,地方政府书记就是董事长,市长就是CEO,经营的东西就是土地,使得中国的城市化幅度大幅提高。第三个就是消费规模和人口规模。照理讲消费不可能是供给侧的劳动生产力增长的源泉,但是因为有14亿人口的消费,造就了阿里巴巴这样的公司。总而言之,我们可以总结一下,长期增长来讲一是人口,二是储蓄,三是经济制度鼓励了投资。从短期波动来讲,首先过去40年行之有效的是外部需求面临着巨大的挑战。尤其是2008年以后,实际已经不可持续。2018年中叶出现了中美贸易战,这是一个非常大的问题,然后投资对增长的贡献正在迅速下降。消费也并不如我们期望得那么好,尤其是最近的数据,消费增长实际上是乏力的。

首先我们的动力肯定在转化,劳动力比较优势已经没有了,出口增长也是不可持续的。

怎么转变?首先我觉得内需要起来,但是内需起来的前提就是城市化,农民的市民化是巨大的空间。第二要解决的是从投资到创新。中国能够弯道超车的估计只有通信这一块。最后要从制造业到服务业。在14亿人口规模的基础上,大力发展服务业,不管是公共服务业,还是消费服务业。消费服务业做得最好的就是餐饮。中国加快服务业的改革,一个最好的办法我觉得还是开放,中国的一帖良药就是开放,开放加速改革。一旦中国的制度能够适应服务业大规模发展的时候,中国将迎来非常好的发展。

保就业与去产能之间的矛盾：中国正面临的困境（同济大学经济与金融系主任、教授　钟宁桦）

中国整个的供给侧要往高质量、高附加值的方向走。但目前面临一个问题，在几十年的发展过程中，积累了大量低端的产能，要把低端产能去掉，所以供给侧结构性改革提出“三去一降一补”，去产能位于首位。2015 年年底开始大规模地去产能。同时也遇到一个目标，那就是稳就业。外部环境不确定性越来越大，出口端受到很大挑战，尤其是随着中美贸易摩擦、国内经济下行的压力增大，稳就业的任务日益艰巨。在我看来去产能和稳就业之间可能是矛盾的，大规模处置低效企业以清除落后产能，会使得部分地区和行业的失业压力显性化。如果一个地方“稳就业”压力日益加大，就会维持僵尸企业以降低显性的失业压力，这就使得去产能等供给侧结构性任务推进不是非常有力，而进一步制约经济向高质量发展转型的速度。

在中国的体系里面，一般采取相对绩效。拿东部今年的表现和去年的表现来比。2011 年到 2016 年期间，有三分之一的省份排名发生两次退步。如果说这个地方就业排名整体下降，工业企业投资相对来说，增速是最高的。也就是说一个地方就业的排名和规模以上工业企业固定资产投资的增速是相反的。即如果一个省保就业的压力比较大，那么大中型企业和国有企业，更有可能扩大投资规模保证就业。另一方面我们来看新增企业、新设立企业的表现。如果一个地方保就业压力比较大，它新设立企业的比例就比较低。所以一个省份的保就业压力比较大的话，地方政府更有可能让重点企业扩大投资，但是当地创业的活跃度会受到抑制。如果一个地方就业率排名退步，这个地方的僵尸企业更有可能获得政府的补贴，但是整体的营业率是比较低的。这就是我一开始说的矛盾，我们既要保就业，又要去产能。但是在保就业的压力下面，地方政府最容易做的就是以扩大僵尸企业投资规模来增加就业，使得就业压力短期内得到抑制，但会影响长期发展，影响创新创业。

第一，地方政府在保就业的压力下面，不仅会干预国有企业，而且会干预大型的非国有企业和民营企业，会让民营企业增加投资，吸纳就业。第二，为什么中国的僵尸企业清退的速度不是很快？当地方保就业压力比较大时，僵尸企业需要增加就业,吸纳更多的人,导致僵尸企业僵而不死,难以有效出清。第三,让僵尸企业、重点企业投资保就业,会抑制当地的创新和创业,从而影响当地长期的增长。最后我要解释一个宏观的现象——“奥肯定律”。一个国家实际的 GDP 的增长和失业率呈反比,GDP 增长速度越快,失业率越低。但是中国 2008 年之后“奥肯定律”是不成立的。当经济下行的时候,地方政府会让一些低效的企业投资,吸纳更多的就业。所以我们会看到 GDP 和失业率同时来下降,但是是以牺牲效率的方式来创造就业。最后建议,必须要以发展生产性服务业为抓手,来推进供给侧结构性改革。保人不保企。一个地方如果让企业来做投资来稳定就业人数,效率是非常低的,不如用这些钱用来做社会保障的资金。我们国家面临转型升级,劳动力的转型升级很重要,劳动力的素质必须往上走,以适应中国转型升级的要求。

国内强大市场:新时代中国的战略资源和比较优势(南京大学教授　刘志彪)

国内强大的市场是中国未来发展的巨大比较优势,也是我们在新时代可以充分有效利用的重大的战略资源,既可以服务于经济全球化战略的转换,也可以促进创新型国家的建设。培育好中国国内市场,最根本的前提是要推进深层次的结构性改革,不断推进区域经济一体化,改革资本主导的收入分配制度等。最近中央经济工作会议把促进形成国内强大市场作为今后一段时期的主要任务。习近平总书记在中央财政委员会第五次会议上提出要充分地利用国内大规模市场的优势,指出近 14 亿中国人大市场必将成为世界经济的增长之源、活力之源。

第一,要形成强大的国内市场。疆域广阔和人口众多,是形成强大国内市场的两个必要条件。除此之外还要加上两个条件,一是不断成长的人均收入水平,要平衡收入分配。二是新型的可以依靠的比较优势。中国可能未来的比较优势就是强大的国内市场建设和市场规模。第二,强大国内市场与经济全球化战略的转变。目前亟须把依靠世界市场出口导向的经济全球化战略,转化为以基于国内强大市场吸纳全球创新要素为特征的经济全球化战略。第三,从高速度经济转向高质量经济。人们对美好生活的要求,需要我们建设消费现代化拉动的经济。这样就把培育和利用国内市场的问题，放到了经济工作的主要位置上。第四，中国经济现在已经具备了利用国内市场支撑新时代经济增长的一切条件。在新的条件下，要建设基于强大国内需求为基础的经济全球化战略。

今后要走的基于内需为基础的全球化，与过去所走的出口导向的经济全球化之间有根本的区别。第一，比较优势的利用的基础不一样；第二，过去是创造局部条件来优化环境，搞开发区、引进外资，今后是要创造平台，尤其是全球化的平台，来吸引全球化的人才；第三，基于强大国内市场建设创新驱动新国家。未来中国建设安全可控的产业体系的过程，必须重新回到基于国内市场的建设，依靠它来逐步推进。

最后简单来说，第一个要促进形成国内强大市场，首先就是要推进区域市场的一体化，通过区域市场一体化，逐步形成强大的国内市场，转化为国家战略，建设创新型国家。第二个是收入分配改革，理论上我们现在还不承认人力资本对价值创造的贡献，目前只承认物质资本才拥有剩余索取权。另外分配政策，初次分配也要讲公平。最后一个是平等各类所有制企业竞争条件，在中国的企业都是中国的企业，来替代现在所有制分类比较落后的管理。这也是平衡产业之间的收益、平衡不同所有制企业收益非常重要的措施。

中国经济市场转型中的“双重陷阱”（日本专修大学经济学部教授 大桥英夫）

在这里跟大家分享一下我对于中国经济的看法。现在中国在整个市场环境当中，市场的要素占据越来越大的作用。在 20 世纪 70 年代末中国开始了改革开放，然后在 1980 年代开始非常迅速地发展。在一个国家到达的中等收入水平以后，它的经济发展可能就会陷入停滞，增长趋势会减缓，这就是所谓的“中等收入陷阱”。这就取决于这个国家能不能进一步通过创新来刺激经济发展。我觉得中国在未来会进一步地促进创新型导向的经济发展，所以应该不会陷入“中等收入陷阱”。

下一个问题，中国是不是能够去解决“体制转型陷阱”？其实目前中国有很多的行业还是由央企所主导，这样一来，有很多经济转型不是很彻底，所以我们也经常听到这样的一种情况，就是国进民退。因此所有制和产权的改革，是中国未来转型发展的一个关键,要通过所有制的改革,提高中国经济的效率。根据中国 500 强企业的一些统计,可以看到公共领域主要还是由央企所主导的。另外可以看到我们的一些混合所有制的改革,改革之后,在很多的商业部门,央企还是占领主导。中国政府的干预确实是对于中国经济的发展和管理造成一定的影响。2015 年的时候,中国政府也是对中国的股市进行干预。

所以总结来讲,中国国内的消费以及需求增长,应该是由私有企业所主导,必须要对国有企业进行改革。国有企业的发展,可能会成为中国创新的障碍。所以说我们还要对所有制进行转型,并且对所有权进行改革。

革命与发展:中国现代化的视域问题(上海社会科学院世界中国学研究所研究员　乔兆红)

中国革命的胜利,为中国建设独立自主的现代化道路做了必要的准备和铺垫。40 年来,中国共产党领导了改变中国命运的改革开放,改革开放也使中国共产党经受了革命性锻造,实现了自我超越。我们要在更高起点、更高层次、更高目标上推进改革开放,必须把推动伟大社会革命和党的伟大自我革命统一起来,发扬彻底的自我革命精神,把人民立场作为根本政治立场。同时,以党的自我革命来推动党领导人民进行的伟大社会革命。因此,以"革命"与"发展"这一唯物史观视野中人类社会发展过程的两大视域,来解读中国的现代化进程,具有历史与现实的双重意义。

传统意义上的革命是经济基础和上层建筑的激烈变革,发展则是生产力和生产方式的渐进变迁推动历史进步。革命注重社会秩序与政治制度变革,发展则注重社会秩序稳定下经济增长和人的发展。中国革命的胜利,为中国建设独立自主的现代化道路做了必要的准备和铺垫。以党的十一届三中全会为标志的新时期新道路的开辟,则是中华人民共和国的历史由"革命"到"发展"的伟大历史转折。20 世纪以来,中国社会经历了三次历史性革命,并最终走上了现代化发展的正确道路。在党的十五大报告中江泽民同志指出:"鸦片战争后,中国成为半殖民地半封建国家。中华民族面对着两大历史任务:一个是求得民族独立和人民解放;一个是实现国家繁荣富强和人民共同富裕。""一个世纪以来,中国人民在前进道路上经历了三次历史性的巨大变化,产生了三位站在时代前列的伟大人物:孙中山、毛泽东、邓小平。"孙中山领导了辛亥革命,推翻了两千多年的封建君主制度;毛泽东领导中国共产党和中国人民取得了新民主主义革命的胜利,建立了新中国和社会主义制度;邓小平领导中国人民开始了建设有中国特色社会主义现代化国家的新时期。

中国革命有其内在逻辑,但只有到了近代尤其是进入20世纪以后,马克思所说的带来质变的新因素才使中国革命迅速摆脱旧式农民战争的惯性,发展成为资产阶级民主革命和社会主义革命。1949年以后,为适应人民需求和复兴大业,中国共产党逐步从"革命党"向"执政党"转型。毛泽东早就指出,革命是手段,"更重要的是人民地位的变化",这就是民主实现程度的问题。在中国早期现代化进程中,革命起着开拓作用,因为革命消除了妨碍现代化的最大障碍。中国政治是长期革命的产物,它跨越了1911—1949年的时期,经历了辛亥革命、1928年的革命高潮和1949年中华人民共和国的成立。在中国近现代史上,中国人民为"举什么旗,走什么路"的问题进行了不断的探索。近代以后,中国社会面临两大历史任务:一是革命视域中的"民族独立和人民解放";二是发展视域中的"国家繁荣富强和人民共同富裕"。前者有赖于新民主主义时期和过渡时期毛泽东思想的引领,后者则是社会主义建设时期毛泽东思想和邓小平理论、三个代表、科学发展观的共同使命。如果说新民主主义时期和过渡时期的毛泽东思想形成于"战争与革命"的国际条件下,那么"和平与发展"则是社会主义建设时期毛泽东思想和邓小平理论、三个代表、科学发展观以及习近平新时代中国特色社会主义共有的时代主题。其中,发展是核心要旨,发展有赖于现代化。

联合国工业发展组织对中国经济特区和知识产权建设的贡献

(联合国工业发展组织研究员　王　圳)

就联合国工业发展组织与中国经济特区、工业园区的发展这个角度,我从实证方面说一下情况。讲到技术进步、产业升级和高质量的发展,联合国工业发展组织作为联合国的一个专门机构,与中国的改革开放也是同步的。从1979年开始,联合国工发组织就跟中国政府以及各个部门一起合作,来推动中国的经济发展,在初期的时候,主要是跟联合国开发署、开发计划署一起执行联合国系统对中国援助的方案,就是跟我们的五年计划相一致的。在最早的时候,联合国工发组织就安排了一个中国政府高级的考察团,考察了6个国家。考察团最后给国务院一份报告,制定了一些政策。1980年4个经济特区的设立是最早的贡献。

工发组织对于中国的经济特区方面,主要贡献第一个在人力资源开发,第二个是可持续发展,第三个是促进国际合作。

人力资源开发方面,在改革开放初期1980年代,随着港澳地区,还有海外华人对中国直接投资的扩大,管理技术、先进经验,以及一些专家都引进到国内来。工发组织就是对高层的管理人员进行培训。另一方面对于一些企业的专家和技术人才,安排到国外进行实地学习。

可持续发展方面,从1990年代开始,因为工业快速发展导致环境污染的问题,1992年联合国可持续发展大会召开之后,中国政府也制定了一些政策。工发组织和中国政府,对乡镇企业的可持续发展采取了很多措施。另外关于消除破坏臭氧层的物质、化学品管理这些方面,也进行一些技术的支持和帮助。

有关国际合作,八九十年代中国学习西方的发展经验,2000年之后中国加入WTO,这些经济的发展,我们也积累了一些经验,而且在发展过程中,也总结了一些经验教训。我们一直是跟中国政府合作,推动"南南合作",把中国的一些经验向其他发展中国家推广。

在改革开放初期,工发组织作为一个"窗口"引进国外的一些经验。发展到现阶段,工发组织作为一个多边合作的平台,跟中国政府一起把一些经验和事件分享到其他发展中国家。最后用一句话结束,昨天于信汇书记讲的,"中国学说到底,就是大道至简,实干为要"。大道理很简单,就是要踏踏实实,然后努力去做,学习别人的先进经验,跟着我们自己"发展是硬道理"这个目标,就会实现可持续发展,就是人与自然天人合一的最好境界。

以市场为导向的产业政策改革:中国的经验(美国加州大学圣地亚哥分校教授　巴里·诺顿)

在这里主要讲两件事情,首先是如何理解中国在改革之后的发展,其次是一些产业政策。在过去的 40 年当中,中国的经济是全世界最成功的经济,GDP 的成长是我们现在所知最快的。但是任何一个个案的成功都不是偶然的,而是有多重因素。首先就要找到最关键的原因,大约有三个方面。第一是结构的变革,从 1978 年到 2010 年,中国当时有人口红利,还有百年难遇的城市化机遇。第二点是外部的条件,比如全球化、市场需求等。这都给中国带来了非常积极的影响。第三点市场过渡的政策是非常有效的,这个也是我一直以来研究的重点,我觉得它非常关键。

从 1978 年一直往前看,中国的决策制定者认为自己对于中国的开发和经济发展是有责任的。中国一直有人口红利,但是只有有效的政策实施才能够正确利用人口红利,才能够把多余的劳动力利用起来进行生产。每一个关键的经济改革,都会带来一种新的市场需求,而这就是经济发展的动力。中国在 21 世纪的第一个十年里,经济的发展加速。因为朱镕基成功的改革,让中国两个完全没有意识到的市场得到了进步:房地产市场和出口市场。当时中国的改革是对于出口系统的改革,使得很多出口为导向的企业进行相应的变革。政策制定者也采取了一些方法去提升生产效率,扩大开放,最终的结果就变成了工业方面的政策。什么工业政策呢? 是一系列专注于特殊行业的政策。这些政策可以不断地推进行业的变化,改变经济结构,允许更多的准入。过去中国的成功很多是因为这样的改革,但是可能并不是我们想象的一种标准的行业政策,是一种以系统为导向的改革。

整个世界都在非常关注中国,因为整个世界都非常认可中国目前为止的所有的发展。但是也很担忧中国,因为中国目前为止是世界上最有竞争力的经济体。整个世界去找一个共同的解决方案是不容易的,特别是在这样一个新的技术改革方面,要找到一种方案使所有的人和公司都受益是很难的。中国其实有最大的国内的市场和最强劲的行业,而且在很多的方面都是引领了全球,经济活动在全球范围内也是非常有竞争力,所以说中国一体化的市场机制是目前的趋势。因为我只是学术界的人员,所以很难给出建议。但是讲到技术竞争,并不是说不会竞争,肯定会有竞争,而且双方有非常多战略性的竞争。但需要一个公平竞争的原则帮助我们解决问题。在这样的公平竞争原则下,中国的企业将会绩效优良,从而解决一系列目前使整个世界经济造成压力的问题。

以竞争政策促进中国产业转型升级(东北财经大学产业组织与企业组织研究中心主任 于 左)

我主要讲三方面内容,第一个中国产业经济的问题和突出的表现,第二个是阻碍中国产业升级的主要障碍,第三个是促进我国经济产业转型升级的一些改革建议。

先谈第一个方面。现在中国的产业经济问题,我认为比较严重的问题有三个。第一是产业间的结构性扭曲比较严重,表现在两个方面,一方面是部分行业产能过剩比较严重,另一方面是部分行业供给不足,主要体现在服务业和资源垄断相关的产业。第二是产业低效的现象明显和负产出比较多。第三是我们的产品跟全球发达国家比,居于产业链中低端的比较多。

再谈阻碍中国产业升级的主要障碍。不当的垄断行为,导致产能过剩、低效及负产出过多。这种情况下,产能过剩就去产能,但去产能的过程中,又形成了大量的垄断。我们加强环保执法,环保的领域又出现了大量的垄断。在安全、健康领域,这些规制非常严格的领域,又出现了垄断的行为。这些极端概括起来,就是政策的越位和政策的错位。更重要的是我们的竞争政策乏力,没有体现出竞争政策的基础性地位。反垄断法是维护市场经济机制最核心、最重要的一个政策,而反垄断政策和竞争政策,我们中国这个方面现在的执法还是比较弱的,导致我们现在处于产业链的中低端。

最后谈谈促进中国产业转型的政策建议。首先要完善中国的反垄断立法,修改反垄断法,完善公平竞争审查机制。加强反垄断执法,要改革机构设置。其次加快规制改革,中国要改革经济性机制,取消不当市场准入规制或限制。再次要调整产业政策。最后要加快国有企业改革,最重要的是竞争中立,对国有企业、外资企业、民营企业和各类中小企业一视同仁。这样中国才能真正迈向全球产业链中高端,对全世界才有贡献。

通过制造企业生产现场引入和利用人工智能来获得新的竞争优势(日本岩手县立大学教授　近藤信一)

日本人工智能的使用还停留在一、二等级上，在制造业上很难达到三级和四级，但是在很多领域正在慢慢普及。日本在金融领域、服务领域，还有教育领域，利用人工智能比较多，这个跟中国的状况比较相同。但是日本的制造业利用人工智能上，遇到了什么样的问题？调查显示，人们对使用人工智能抱有的疑虑。日本企业现在面临的一个问题，就是如何引进或者使用 AI 技术，它缺乏组织性的人才和管理。另外一个就是企业经营的模式是什么样的？这个是日本遇到的困难，但是这个方面中国是做得比较好的。

我跟一些 AI 的企业做了些访谈，接下来讲解一下。日本的企业在应用 AI 的时候，还停留在比较浅显的模式上，没有涉及组织创新、意识改革等。关于 AI 人才培养方面，第一层是技术人员，开发技术人员。第二层是使用者，在日本使用 AI 的人要远远少于开发技术的人员。在我采访的企业中，比较显著的一个问题，就是中间这一层的人力资源是非常的缺乏的。这个层是什么层呢？就是考虑怎么让自己的企业、工作来和 AI 结合的人，这样的人是非常缺乏的。最大的一个问题，AI 是一个破坏性的创新，破坏性的技术。比如说丰田的库存技术等，这都是在日本比较擅长的领域。日本企业比较有优势的一个方面，就是成本计算是非常精准的。包括使用 AI 技术可以更加精准、更加彻底地来减少库存、减少成本。到了 T2 阶段，也就是 2015 年之后，大家首次认识到 AI 的技术超越了人类，所以日本企业才真正认识到 AI 是可以运用到生产技术之中的。

迄今为止日本的传统企业，是通过高质量、低成本来制造产品的，而且速度非常惊人，它们有一个能够制造出这样产品的管理组织。比如说本田，它之所以强，是因为善于改革，组织形式在不断变化。但是到了 AI 的时代，谁先更加大幅度精准地利用 AI，谁才是强者。这对于日本来说是一个非常大的问题，因为日本长期以来是处于一个竞争优势地位的。到了 AI 时代，竞争有利地位是很难保持的。为了能够保有竞争优势，要创造一种跟以往不同的组织管理形式，把传统的组织管理形式改造为善于使用人工智能的管理组织形式。

最后我针对中日之间的关系,做一些介绍。在 AI 的角度上,中国有非常多的人才,比如新的管理形式等。但是在制造业的制造基准,还是日本比较强。目前日本在 AI 的人才方面还是比较匮乏的,而且在建立组织管理形态的上变化也是比较慢,改革也非常慢。所以中国和日本如果能够联手,各取所需,这样对两国的未来非常有好处,所以我期待中国和日本将来有一个很好的合作,谢谢!

中国经济增长的新动能:服务消费的兴起及其影响(美团副总裁来有为)

中国的经济结构正在发生全面深刻的变化,更加依赖内需、更加依赖服务、更加依赖消费的驱动。服务业是现代经济的重要标志,尽管中国是全球制造业大国,但从经济发展来说,服务业是最重要的产业,也是长期发展的一个方向,做大做强做优服务业,对中国经济的发展非常重要。

中国经济正逐步迈向服务经济时代,以服务业为主导的时代。另外有几个新的特征,包括平台经济、共享经济、数字经济蓬勃发展,催生了经济发展的新动能。中国互联网发展带来的红利还在持续增长。中国的网络应用水平是全球领先的,网络跟数字服务规模经济也产生了新的发展的动力。在这些因素影响之下,中国呈现出一些新的经济增长点,包括快递、休闲娱乐、健康服务、餐饮外卖、旅游、教育培训等,这只是一些代表性的新兴产业,发展速度比较快,是今后比较稳定的经济增长点。中国服务业占 GDP 的比重跟国际先进水平相比还有很大的上升空间,达到 70%、80%需要时间,但趋势非常明显。另外一个重大变化,消费也成为中国经济增长的动力和引擎。2018 年消费对中国经济增长的贡献率达到 76.2%,连续 5 年成为中国经济增长第一驱动力。另外中国的中等收入群体超过 4 亿人,在这些因素的下,中国的服务业将进一步增长。

服务消费的兴起有六个比较明显的趋势。服务消费占消费支出的比重持续上升。数字化和平台经济,深刻影响中国服务业的发展模式。中国居民人均服务消费支出快速增长,呈现出新型的服务消费方式,消费需求日益多元化,消费结构不断升级。互联网实现线上和线下的融合发展,基于移动互联网、大数据、云计算、人工智能、物联网的服务应用和创新日益活跃,服务新业态、新模式不断涌现，开拓了中国服务业发展的新的空间。家庭结构小型化带来更多的家庭消费机会和场景。生活服务电子商务平台发挥了促进服务消费的作用。

美团顺应产业结果升级和消费结构升级的时代发展趋势，把互联网和生活服务业有机结合起来，发展互联网＋生活服务业，推动服务业供给侧和需求侧的数字化改造，促进生活服务业提质增效。

我想提几个建议。第一个要重视发展“互联网＋生活服务业”，优化线上生活服务消费的发展环境。发展服务经济不能把线上和线下进行分割，一定要双管齐下，促进线上和线下的融合发展。第二个建议针对监管侧，一定要坚持“包容审慎”的监管政策，推进监管创新，坚守行政审批项目，维护公平竞争的市场秩序，优化营商环境。第三个建议要鼓励和支持外卖、在线旅游、移动支付这些服务类网络消费的技术创新和商业模式创新，通过数字技术的广泛深度应用，提升服务类网络消费的服务能力和发展质量。第四个建议要发挥平台数据、科技等方面的优势，促进生活服务业供给侧数字化改造的营销、管理、信息等领域，全面提升中国服务业的数字化水平。

数字经济的特征与新动能的形成机制（中国社会科学院工业经济研究所产业布局研究室主任　李晓华）

我想向大家报告三个方面的内容。第一个方面是数字经济及其在全球的发展。数字经济最早于1995年提出，一直到2001年经济泡沫破灭之前，是数字经济第一轮发展的热潮。第二波一直延续到现在，就是国际金融危机之后，以移动互联网开始引发的数字经济发展的热潮。对于数字经济，大家有不同的认识，基本上窄口径的数字经济，就是传统的ICT产业；广义的数字经济，包括数字经济应用到其他产业形成的经济活动。总体上，数字经济在世界上的分布，主要是以中美两国形成两强并立的格局。美国数字经济的规模，从中国信息通信研究院的报告里看，是处于第二的地位。总体来讲，中美无论是数字经济的规模，还是市场资本化的价值等，都是处于世界的前两名。在具体的一些ICT行业，比如说ICT服务业，美国的规模是最大的，中国是第三位，但是在偏硬件的这种产业，ICT的制造业中国的规模是世界上第一的。

第二方面是数字经济的新特征。我把这个新特征概括为四点，第一点是在数字经济领域,颠覆性的变革是频繁出现的。数字经济是新一轮产业革命最核心的部分。最主要新工业革命的代表性的技术,都属于数字经济的范畴。数字经济领域有两个现象,一是颠覆式的创新,与传统产业相比,很多时候是来自产业之内。二是跨境竞争,数字经济领域的颠覆常常来自产业之外。第二个特点,是平台经济、分享经济和超速成长。平台就是一方联系供应商,一方联系用户,进行双方信息撮合和交易的媒介,典型的像阿里巴巴的电商平台。还有一个就是共享,利用信息技术手段把原来闲置的资源进行高效的出让和利用。第三个特征是网络效应与赢家通吃。直接网络效应,产品服务的价值取决于使用用户的数量。在赢家通吃的情况下,一个国家人口多、用户多,越有可能为新的企业或者新的商业模式提供更多的用户。第四个特点,叫蒲公英效应和数字经济的效应。在中国,阿里巴巴、腾讯等形成了很多围绕它们形成的团体,参股的公司也非常多的。在蒲公英效应或者数字生态的情况下,大企业的一些业务可以剥离成为企业,很多优秀的人才去创业,形成新的企业。

第三方面,就是新动能的形成机制。从政府的角度来说,一是要完善软硬件的环境,促进创新创业创造。二是要政府在早期支持,促进新动能快速发展壮大。三是实施有目的的产业政策,加大政府投入。四是要推动互联网+智能的发展,赋能老产业与壮大新产业。五是与“一带一路”国家进行合作。

第二圆桌议题（二）：中国对外开放与经济全球化

新型工业化国家的崛起与 WTO 现代化改革（上海市政协前副主席　王新奎）

上世纪 90 年代以来，制造业全球价值链促进经济全球化发展，以中国为代表的新型工业化国家崛起，成为影响经济全球化进程的一个重大事件。进入本世纪第二个十年，以制造业全球价值链为推动力的经济发展明显放缓，主要表现为制造业全球价值链有所下降。关于全球价值链收缩的问题已成为当前各方面研究的重点。全球价值链贸易强度下降，首先导致全球价值链贸易不平衡的加剧。在北美、欧洲、亚洲三大贸易区域中，美欧对亚洲贸易差是 10 936 亿美元。在巨额贸易不平衡面前，如何解决这一问题，成为全球化继续发展必须面对的问题。这些问题不能用经济学的理想模型去解释，已经上升为政治问题。从 2010 年开始由于市场的作用，开始了全球价值链生产和贸易布局的调整，中美贸易战的持续和扩大，加速了贸易布局的调整步伐，尽管转型速度很慢，但趋势越来越明显。

下面，讲讲中国与 WTO 现代化改革之间的关系。WTO 有必要进行现代化改革。目前对于如何推动现代化改革的问题上已经出现了两种对立的立场。一种是以美国为代表的发达经济体，我把它叫作协调单边主义立场。他们认为中国的社会主义市场经济制度和贸易政策是引起全球价值链贸易强度下降的原因。因此他们把 WTO 改革的目标锁定在填补 WTO 规则的空白，以及减损中国作为成员方享受的以 WTO 非歧视原则为基础的贸易最惠国的待遇，拒绝中国在贸易投资谈判中享受发展中国家差别待遇，把中国定位为 WTO 中的“非市场经济第三方”。最近关于反倾销的方案里面有一个很重要的问题，美方提出的公共机构的定义,实际上是把原来并没有明确定义过的概念拿出来针对中国进行重新定义。

中国认为 WTO 当前的生存危机是世界经济危机调整当中的阶段性问题,因此我们提出了五项原则和五项主张。五项原则:第一,世贸组织改革应维护多边贸易体制的核心价值。第二,世贸组织改革应保障发展中国家的发展利益。第三,世贸组织改革应遵循协商一致的决策机制。第四,增强多边贸易体制的包容性。第五,坚持发展中国家特殊待遇、差别待遇的大原则不能变。五项主张:第一,世贸组织改革应维护多边贸易体制的主渠道地位;第二,世贸组织改革应处理危及世贸组织生存的关键问题。第三,世贸组织改革应解决贸易规则的公平问题并回应时代需要。第四,世贸组织改革应保证发展中成员的特殊与差别待遇。第五,世贸组织改革应尊重成员各自的发展模式。

我们应该认识到世界经济深刻的调整将是一个长期的过程,WTO 生存危机的解决不可能一蹴而就。以美国为代表的发达国家经济体在如何调整世界经济格局中,不单单涉及贸易的问题,可能还涉及不同的市场经济制度。WTO 贸易体制是全球经济治理当中一个不可缺少的平台,绝大多数 WTO 成员方,包括中美两国在内都没有放弃通过 WTO 这个平台来显示立场、交换观点、进行谈判的愿望。我们坚信尽管当前经济全球化的发展和 WTO 的改革面临着种种艰难险阻,但是这可能是经济全球化新的发展阶段过程中必须经历的黎明前的黑暗。中国现在在 WTO 改革上采取的积极态度将对迎接经济全球化发展的新阶段有着非常重要的意义。

中国:短期挑战和长期前景(联合国经济合作与发展组织　文特森·科恩)

据荷兰 CPB 所做的统计,世界经济在过去的几个季度当中并没有增长,而是在下降,PMI 采购经理指数在全球表现呈下降趋势。全球贸易显示,2018 年初开始,中国是受到有害贸易措施影响最大的一个国家。另外,关于关税壁垒,基本上每个月都有一些新的变动。美国增加关税的行为对进出口产生了影响,7 月份大概有 7%的美国出口受到关税的影响。中国进口来自美国产品有很大的下降,但从其他国家的进口弥补了这一缺口。美国的进口的数据显示,来自中国进口的数量有很大下降,美国的消费者也受到了很大的影响。来自 OECD

的数据显示，这些壁垒对于其他国家的GDP也有影响。总的来讲，目前中国的GDP有1%受到了贸易战的影响，而且贸易战是有传染性的，它不仅仅是两个国家之间的问题。

应对未来要遇到的挑战，中国要保持经济动力，所以中国人民银行最近降低了准备金率。中国通过宏观经济的调控以及其他的调控手段保持中国经济的增长动力，同时还有一些去杠杆的措施，比如打击影子银行。资本与产出的比率在增加，因为中国西部地区的发展有不平衡的情况存在。人均GDP在2010年早期的时候先降后升，原因是中国的税制变化和税制改革没有平衡地分配到各个领域，特别是低收入的人群。所以消除和解决区域不平衡和收入不平等将是关键所在。

接下来的30年，中国会继续为世界经济的增长作出贡献。但是贡献率可能没有现在这么高，GDP占全球的比重也会增长，但是不会增长得这么快。主要原因之一是中国的人口老年化速度。中国退休的年龄是非常低的，所以中国考虑延迟退休年龄。在老年人当中，高龄老人比例在快速增长，这会进一步推动医疗成本的上升，所以在财政上中国要做好准备。还有一方面是空气污染，虽然在上海和北京这些城市环境治理成果是非常好的，但是在其他地区仍然有严重的污染问题，这会造成成本的上升。另外就是人员流动以及相应的限制，尤其是养老体系的碎片化，限制了国内劳动者的迁徙，同时也限制了对于人、资源更好的利用。最后，研发对于提高生产力有至关重要的作用，同时也帮助我们绿色发展。中国在最近几年，研发支出占比日益提升。

经济发展中的全球价值链（德国柏林经济与法律学院　汉斯约里·赫尔）

现在，我们来看一下全球价值链，全球价值链从上世纪90年代开始，变成一些更细小的任务在全球范围内进行细分，按照跨国公司的利润进行分配。全球价值链对发展中国家而言，显然有着正面影响，因为它们更容易进行工业化，可以更好地创造就业机会和规模制造，能够产业化，从而迎头赶上。在全球价值链过程中，中间任务是按照比较优势进行分配的。这意味着发展中国家将会接受那些低技术、低技能含量以及劳动密集型、附加值比较低的工作任务，而发达国家将会做设计、研发、营销，这是传统经济学家的传统观念。从发展曲线来看,在全球价值链中,发展中国家占据低附加值的粗加工业务,发达国家占据高价值链。按照OECD的说法,这一微笑曲线已经变得越来越深,因此发达和发展中国家的创造价值链的差异也变得越来越大。

我们再看一下外商直接投资。它当然对经济发展有着积极影响,但是据我们的研究,当以国别来看产品和工艺升级,再到功能和跨区域间升级,外商直接投资主要是有益于产品和工艺升级。但是,外商直接投资并不能够带来功能性的升级,并不能使发展中国家创造更好的趋势,提升其研发、营销以及高附加值生产的能力。因此,外商直接投资有它的积极影响,但并不能真正使发展中经济体直接迎头赶上。当我们分析国际价值链时,会谈力量不均衡、不对称性。有些龙头公司非常有影响力,就传统的经济理论而言,如果这些龙头企业有着垄断地位或者寡头地位,就会垄断价格。这就意味着,价值将会被输送给那些跨国的龙头企业的总部。因此,从某种角度来讲,这些公司能够在跨国经营中吸取大多数的利润。据研究结论显示,外商直接投资的净流入以及净流出,有500万亿元的直接流入和60万亿元的利润流出。在低收入国家,利润被跨国公司总部抽取,从外商直接投资的净流入中抽取。这让我们得出以下结论,有一种新型的帝国主义,和之前专家提出的不一样。我们应该怎么做呢?我觉得可以向中国学习,完全自由的贸易不需要政府去干预,而政府应该为这样的价值链创造一个环境,创建新兴的行业。

最后一点,中国仍在社会主义和共产主义的进程当中,那么这对于全球化有着什么样的意义?社会主义市场经济对于全球化的未来意味着什么?我希望中国可以认真地考虑另一类市场经济的体制,真正帮助发展中国家。发达国家和发展中国家会签订一些投资协议来帮助发展中国家,中国也应该去帮助发展中国家,为它们提供更多的工具和支持。如果中国能够这样做,将会成为全球化,特别是南半球的一个领导,并且可以和美国抗衡。

海外购并及资本市场与国际接轨的深化(香港北威集团　刘忆如)

中国的资本市场特别是证券市场在逐步与世界接轨。贸易战之后,中国资本市场与世界的接轨比经济发展本身要慢一些。最近几年这方面的发展,比如2014年,沪港通以及圳港通开放,使得两地的市场可以进行投资。虽然有这样的开放,但中国的A股市场还是由散户主导。因为散户的情绪比较大,一旦他们听到一些消息会造成股市剧烈的波动,这是中国资本市场的一个特点。另外一个特点是,中国的资本市场没有和世界上其他市场接轨,所以大多数的金融交易都是通过银行进行的间接交融。今年3月,MSCI宣布提高大陆A股纳入权重,同时还有其他的一些指数也纳入中国股票,这说明中国的资本市场现在真的做好准备,能够更好地与世界市场进行融入。市场参与者不是本地的散户,更多的是国际的结构投资者,这是很大的一个转变,使得市场将更多地以基本面为驱动,而不是以情绪为驱动。

第二方面谈中国债券市场的国际化,这是去年和今年的新走向。从今年4月份看到中国债券指数首次纳入国际三大主流债券之一的彭博巴克莱全球综合指数。明年11月之前,以人民币计价的364档中国国债及政策性银行债券,将以第四大货币计价。除了证券和债券市场的发展,科创板也有历史性进程,科创板不仅在中国发挥着非常重要的作用,在世界也同样如此。全球2019年新股上市募集资金额显示,美国上半年是229亿美元,中国香港大概接近于100亿美元,当然低于美国,但全球在中国香港上市的数量其实超过了任何其他的市场。再来看一下上海和深圳,大概每个是50亿美元的规模。再加上科创板的总量,上交所的情况预测将会超过香港。尽管科创板还是新生事物,但它代表着中国资本市场非常重要的一个趋势。随着科创板的开板,那些具有科学和创新性的企业更有机会得以挂牌上市。这表明经济转型和经济结构重组时,资本市场也会随之变化。

另一方面2016年是中国人民币纳入SDR的年份,一方面资本市场进一步融入国际市场,另一方面人民币还过于隔离。因此,在2016年之前SDR组合美元占比44%,欧元34%,但在人民币加入SDR之后所有单一货币的占比都有所减少,以让出空间给人民币,因此人民币现在约有11%的权重。同时对于世界大多数的国家而言,所有的央行在它们的组合中都含有SDR,这意味着所有国家的央行都必须在它们组合中持有人民币,这对于人民币的国际化来讲非常之重要。一方面我们的资本市场在加速进入国际市场,另一方面人民币的国际化正在加速,两者都朝着一个方向走,这一点非常重要。同时我们还要意识到一点,当我们从中收益的时候,会受到一些新因素的影响。因为融合更加深入就会更多地受到世界波动的影响。

总之,中国现在不仅仅是在迎头赶上,它的外汇市场、证券市场、资本市场、债券市场也进一步地接轨于国际市场。当然,从另一方面来讲,这意味一些全球风险将会进一步影响到中国。

中国经济发展对世界经济的影响与意义(上海社会科学院研究员徐明棋)

中国经济现在正面临结构调整,增长速度在下降,规模在不断扩大。最近这几年可以看到GDP的增长速度在下降,但是这个下降是缓慢的。固定资产投资中,主要行业的投资都处在一个新的中低速的状态。出口方面,2015年、2016年是负增长,到了2017年有所向上恢复,但2018年开始到现在由于外部环境的变化,增长速度也开始在下降。中国经济所有的这些变化,我认为主要是由结构变化所引起的。2013年开始,中国的第三产业已经超过第二产业,其GDP比重到2014年已经超过50%。

任何一个以服务业作为主导的经济体再要维持高速增长,历史上没有这样的先例。中国在服务业占主导以后,仍然能够维持6%以上的增长力,已经创了先例。因为中国经济具有较大的韧性。首先,表现在中国是一个大陆经济体,具有不同的梯度,产业可以从东向西的转移,形成内部所谓的变形效应,使得产业周期、产品周期都可以进一步的延长。再一个是劳动力资源仍然是相对比较丰富的,19—50岁的劳动人口仍然占到总人口的65%以上。另外,中国人口素质与东南亚、南亚、拉美国家相比,我们比较高,高端人才在国际横向比较中也是占比较高的,这给中国经济增长带来了推动力。另外,进一步改革开放的积极效应,国有企业的改革、政府行政管理体制改革等,这些集中在一起会对经济产生推动效应。

当然,中国经济也面临着很多的挑战,近期某些金融机构周转不灵,导致金融配置效率继续低下。中国金融不会发生像西方那样的金融危机,但是我们潜在的金融资源配置的效率可能会受到刚性兑付、道德风险等不利的影响。而且地方政府和国有企业的债务也是比较高的,使得它们投资的能力和投资效率在未来都会受到一些不利影响。

但是把这些挑战和中国经济增长的潜在积极因素相比的话,可以看到中国经济增长仍然有乐观的前景。中国在全球投资当中双向投资的规模在不断扩大,成为世界重要的投资国。因此,中国经济保持稳定增长对世界经济的稳定发挥着“锚”的作用。

全球化与中国的崛起(中国信托金融控股公司　林建甫)

全球化怎样带给人类进步,尤其是带给中国进步。IMF 定义了全球化的四个基本面:贸易和国际往来、资本与投资的流动、人口流动、知识的传播。经济学界的观点是:经济全球化、政治全球化和文化全球化。全球化是人类进步的结果,那么全球化是怎么来的? 学界总结了三个最重要的原因,第一,贸易。中国崛起最重要的原因就是贸易。第二,人口的移动。第三,通信。全球化的进程也不是那么顺利,全球化在 1900 年之前是没有的,1900 年左右到 1919 年那一波的全球化蛮快的,但是 1929 年之后世界大恐慌引起了世界大战,这是向下走的。战后,随着世界和平到来,第三波的全球化来了。1980 年科技的进步促成了第四波的全球化。

从 1980 年代开始看中国的经济,增长速度非常快,维持了 6%的增长,大概每十年翻一番。如果用市值汇率算的话,中国早就超过了美国,不过这也不稀奇,因为中国有 14 亿人口,美国 3 亿人口,以后差距还会越来越大,重点是要看人均。第三产业已经达到 50%,算是进步非常快,不过以世界标准来讲第三产业还要更高。现在遇到的问题是中国的金融,尤其是财务杠杆太大,融资难、融资贵。国务院最近开放的一些金融条款对金融市场是有很大的帮助的。特别讲一下中国的经济成分,投资仍然占比非常大,消费占比不够大,到 2014 年才 38%。进出口占的比例其实不高,从进出口成分变动率来讲,消费的部分最快,投资的部分在减低。外资企业的进出口份额占到 50%至 60%。

再就是中国与世界的关系。中国占世界的出口越来越多,至少是 13%至 14%。中国出口到世界,包括到美国、欧盟,欧盟是最大的。中国出口到世界的产品有什么? 第一是电子产品、第二是机器产品,第三是家具,第四是塑胶产品,第五是汽车相关的部分,第六是衣服,第七是玻璃。中国吸引大量的钱流进了中国,因为中国和世界的关系非常密切。现在中国游客到世界各国,使得世界各国可以从游客身上赚很多钱。这也是全世界空中交通能够兴盛的一个原因。

最后要讲的结论是全世界的变化非常迅速,美国一直喊美国优先,但是习主席讲建立人类命运共同体。美国四年选一次,中国的体制比较稳定,而且中国的市场比较大,中国的人口也比较多,所以贸易战会打下去。最后我要讲的是,其实西方世界不了解中国,他们带着西方眼镜来看中国,他们认为中国一定要走西方的路。所以要把中国对世界的影响做得更大,让西方真正了解中国。

世界经济的格局变动与中国经济的增长业绩(中国人民大学教授 雷 达)

我主要依据2018年麦肯锡全球研究所发布的一份研究报告,题目是“业绩优秀,高增长新兴经济体及其推动增长的公司”。其中两个特征引人关注:其一,考察的周期是从1965年至2016年,50年的长周期。这50年正是第二次世界大战之后经济全球化发展的时期。其二,71个国家的样本中,18个国家经济增长业绩表现优秀,人均年增长率为3.5%。在18个国家中,只有7个国家的经济增长数据通过50年数据的检验,11个经济体只通过了20年数据的检验。

过去50年的奇迹是在世界经济格局中发生的。第一、第二次世界大战之后,世界经济格局最大变动的是美国代替英国主导,殖民体系的瓦解和国际经济秩序的建立。第二,国际经济秩序在过去70年中明显地可以分为两个阶段,1960年是标志,前一阶段是管制,后一阶段是自由化。第三,自由化发展阶段是发展中国家群体崛起的时期。第四,发达国家在自由化阶段出现国内金融化趋势,发展中国家越来越偏重于制造业。第五,中国的增长业绩只是发展中国家群体崛起的典范之一,其基本共性是开放以及适应国际经济秩序的基本规则。

国际经济秩序发生重大变化时,发展中国家参与经济全球化的国家数量从20世纪60年代开始急速上升。国际投资在70年代以后急剧上升,以中国为代表的发展中国家、新兴国家在世界贸易中的占比也发生巨大变化。世界贸易在增长,发展中国家参与的数量在增长,世界的GDP在增长,发展中国家和发达国家都取得了经济增长的业绩。当然,在这个过程中,国际贸易的不平衡现象开始出现。国际秩序自由化给发展中国家进入到国际贸易领域提供了很好的平台,但世界上所有的国家都加入世界贸易,并不是所有的国家增长业绩表现都优良。那么以中国为代表的国家除了开放和适应国际化还有什么特征?第一,中国的经济增长,如果用50年的数据来看,劳动力生产率的提高是第一原因。第二,这些国家除了开放以外,还有高储蓄率和高投资。第三,经济全球化的参与程度。第四,吸引对外投资的能力。第五,政府的效率的改善。第六,所有这些国家能进入世界经济业绩增长比较好的行列,不是中小企业,它认为是大公司的推动。

从世界经济的格局来看,中国改革开放赶上了经济全球化的阶段,正好对应西方新自由主义复兴的阶段,但是中国经济改革具有新型经济体和转型经济体的双重特征,在经济体制的改革上没有全盘接受华盛顿共识,而在加入世界经济的过程中,国内制度同样能适应经济全球化的发展趋势。所以我们对外接受自由主义,而对内反复强调坚持中国特色社会主义。中国的经济增长是对世界有意义的。

我们的结论是,以往的国际经济秩序对中国以及发展中国家是有利的,如果国际经济秩序不变,它的这些结论是成立的。如果未来的国际经济秩序会发生很大的变化,那么中国和其他几个经济体的增长业绩都会发生一些结构性的变化。

超越区域生产网络:论东亚经济的第三次转型及中国角色

(辽宁大学教授　刘洪钟)

1960 年到 1997 年东亚金融危机或者是中国入市的阶段,我们成追雁型模式。很难说有一个具体的时间界限,但是在 2001 年的时候,日本经济产业省发表了该年度《通商白皮书》第一次明确指出:以日本为领头雁形态发展时代业已结束,代之而起的是“以东亚为舞台的大竞争时代”。东亚地区中间产品的贸易发生了非常快速的增长,目前比世界平均,北美、欧洲要高很多。整个中间产品的贸易量大概是最终产品贸易量的两倍。在这种情况下,仍然是一种生产导向,我们通过各种方式生产出来的产品,只有 32.5% 是在东亚消费了,还有 67.5% 去了世界其他地区,主要是美国和欧洲。

这样的问题就带来了所谓的东亚生产美欧消费的国际分工格局。不能说这是全球金融危机爆发的一个主要原因,但是如果说和全球金融危机爆发没有一点关系肯定说不过去。所以在 2008 年之后以 IMF 的经济学家为主的一批经济学家说“东亚经济再平衡”,调整区域内的供给和消费。从 2008 年到目前为止,东亚地区到底发展得怎么样?全球金融危机以后,除了部分国家、多数东亚国家的经常账户顺差大幅度下降,有些国家已经达到了平衡。然而从贸易看,东亚整体对美国的贸易顺差非但没有下降,而且不断上升,这也是导致中美贸易战的核心原因。数据显示,整个国际收支在2008年之后除了新加坡、韩国、泰国之外,其他的国家经常账户基本处于平衡,中国顺差也在大幅度地下降。但是在危机之后,东亚对美商品的货物贸易顺差,达到了2 630亿美元,到了2017年的时候又大幅度提高到4 900亿美元。这其中除了新加坡和菲律宾,其他所有的国家对美国的贸易顺差,中国的贡献最大,在4 900亿美元里面中国占了3 200多亿美元。

那么中美贸易战未来对东亚分工会产生怎样的影响?第一,贸易战使得中美贸易规模大幅度缩小。第二,中美贸易战通过区域产业链对中国—东亚贸易产生负面冲击。第三,中美贸易战将加快东亚区域分工的重构。简单来看,东盟将会逐渐替代中国成为新的世界组装工厂,我们将会从组装中心逐步变成全球制造中心;区域分工重构中国角色,逐渐成为一个新的重要的最终消费者的市场提供者。

对于政策的建议是,中国要努力推动东亚的分工,整个亚洲经济发展好了,中国经济就会顺利发展。

双向直接投资发展与中国经济高质量增长(复旦大学教授 田素华)

我们统计了世界前十大经济体1985年至2018年的数据,发现1985年的时候美国的实际GDP是4万亿美元,中国处于第九位,大概是4 000亿美元。2018年中国变成第二位,美国是20万亿,我们是14万亿,这个数量的扩张是显而易见的。世界500强企业财富榜,1995年中国是3家,美国150家,日本150家;2015年我们超过了美国,日本只有50家。如果说企业500强的增长代表着中国的质量增长,那么这些年中国的质量和数量都在增长。

先看一下中国双向投资的发展和基本情况。中国吸引外资是从1978年开始,1992—2018年除个别年份外,中国FDI流入规模一直处于全球前三位。中国大规模鼓励企业对外直接投资始于2000年,2013—2018年,中国对外投资年年超过1 000亿美元,也是稳居全球前三位。另外我们对外投资,主要从2013年开始进行。从最新的数据来,中国的FDI流入大概占到全球的10%,对外投资大概占到全球的8%。再看流入流出的区位数据,流入从珠三角、长三角、从东部向西推进。大量的FDI流入集中在江苏、广东、浙江、上海、山东这样的地方,流出大量集中在沿海地区,当然中国流入流出的一个特点,70%是来自香港,60%的目的地来自香港,香港是重要的一个关键节点,如果不考虑香港的因素,FDI流入流出可能找不到解释变量。在2007年开始提出引进来和走出去要平衡双向、同时发展。从1979年到2013年,自贸区、"一带一路"的推出可以说对中国双向投资的发展起到了引领作用,特别是产业指导目录,从1997年每隔两年调整一次。从1978年到2019年整个总结下来就是,从超国民待遇到国民待遇再到负面清单,对外投资是从限制逐渐到鼓励。

利用外资怎么样促进中国经济变化的?利用外资对我们经济质量增长有三个机制:竞争效益、联系效应、模仿效应。对外投资对我们经济增长的提升也是三个方面:逆向技术溢出、人力资本的积累、市场获取。我们做了一个简单数据检验,是2000年到2017年,28个省份的面板数据,结果是FDI流入显著提高了我们GDP,显著提高了我们的技术质量,显著提高了我们人口素质。把IFD和OFDI放在解释变量中,FDI流入促进了中国经济数量增长和质量增长。尽管如此,我们还是要对FDI政策进行调整,调整的依据主要有以下三个方面:第一,政策鼓励和限制。第二,FDI净流动。第三,全球FDI中心。政策引导主要基于下面的三点考虑:第一,聚焦经济高质量增长的三个内涵,首先是要素质量。第二,协调市场机制与政府作用。第三,利用外资政策和对外投资政策。企业怎么样形成自己的竞争优势?第一,更好地利用外资,更好地吸引存量增量外资。要有效的利用存量外资,要强调内外资企业联动互动。第二,发展对外投资要立足于竞争中性原则,立足于技术竞争原则,培养竞争力。第三,打造高端要素集聚中心,进行跨国公司全球治理。

发展双向投资有利于中国经济增长,它是我们整个经济的发展加速器。我们一定要完善FDI流进流出政策,积极地引导跨国公司全球治理。

来自中国的进口对美国企业创新的影响:价值链的视角(复旦大学教授　罗长远)

这是讨论来自中国的进口如何影响美国创新的一个研究。中美贸易战里比较有名的是麻省理工学院的 Davdi Autor,他一系列的研究发现来自中国的进口,可能从政治的、经济的、社会的创新的方面对美国有一些影响。与他的研究相比,我们这个研究的特点是:强调了价值链的问题。特别是我们把来自中国的进口分成了同行业、上游、下游,从不同的角度去看来自中国的贸易的渗透对美国企业创新的影响。

分享一下我们研究的结果,如果不去考虑上游、下游的问题的话,确实能够看得到 Davdi Autor 的结果,发现来自中国的进口对本行业的企业的创新,似乎有一个负向的影响。但是如果引入上游和下游之后会发现,本行业的影响没有了,如果有的话其实更强烈地体现在对下游企业的创新的影响上。无论是从专利来看还是从研发支出来看,结果是一样的。在这基础之上,我们考虑到行业里面有一些企业是所谓的巨无霸企业,像微软,我们就把这些企业拿掉。来自一个国家的进口,它影响下游企业的创新大体上有两个:一是替代效应,二是学习效应。用技术来讨论,我们发现无论是替代效应还是学习效应,可能都是有作用的。但是,相对来看应该是学习效应更大。

从世界贸易冲突史看自由贸易(华东师范大学教授　殷德生)

当中国加入 WTO 之后,融入全球化以后,中国贸易发展的速度非常快。2001 年中国外贸总额只有 5 万亿美元,所以当中国超越日本,伴随而来的中美贸易摩擦也在不断升级。

跟当年不一样的地方是中美摩擦发展速度太快,现在中美之间相互的加征关税,涉及两方总出口产品的 75%。在 WTO 里,中国的发展其实很大程度上得益于 WTO,从中国加入到 WTO 到现在一直停滞不前,所以 WTO 改革的话题也成为了我们今天分会场的主题。在这种情况下,我们的观点是:中国还是要高举自由贸易大旗。除了维护和推动 WTO 体制改革之外,我们自己也要开放,正如习总书记讲的中国开放的大门不会关闭,只会越开越大,还要构建人类命运共同体。

我们现在怎么看待自由贸易和贸易保护主义?从历史来看,自由贸易和贸易保护主义的争论是一直存在的。现在自由贸易受到了质疑,因为为了保护国内市场。但是自由贸易总比自给自足好。自由贸易政策是否是最优的呢?现在的理论界围绕这个问题做了很多讨论,从实践来看,到目前为止自由贸易仍然是最确定的风险最小的政策,即使在政策和市场漏洞不完善的现实世界中,自由贸易仍然占据经验法则上最优的地位。自由贸易作为国际贸易规则已经被大多数国家接受,它有助于各国避免由保护主义政策引发的贸易战。自由贸易作为一种简单法则,可以抵制特殊利益集团的政治压力。所以,自由贸易仍然占据经验法则和理论创新上最优的地位。

WTO 改革的必要性(上海对外经贸大学教授 张 磊)

美国为什么要改革 WTO?第一,归零案这个案子每次都打,打完就输,它就恼火,就要改 WTO 的法律法规。第二,它跟中国的因素,现在 WTO 运转不下去,美国认为是中国的原因。当然了 WTO 里面有很多新兴的国家,它不单指出来。WTO 改革的必要性,欧盟叫作现代化,美国叫作 WTO 改革,中国给它加了一个形容词:必要的改革。为什么这么说?因为这里面有中国的因素。WTO 要改革,要向下走,到今天为止大概就一个成果,就是巴西宣布放弃发展中国家地位。因为巴西有三个发展目标:第一个就是南方的公共市场,第二个是 WTO,第三个是 OECD。美国长期阻挠巴西进入 OECD,所以这次它跟美国达成了默契,放弃发展中国家地位,进入 OECD 中去。我们一定要看清 WTO 的改革,如果只把焦点关注在中美之间的冲突上,那么 WTO 的改革就无法往下走。说 WTO 改革是否成功取决于中美双方的关系,这是一个死的逻辑。

实际上来看,WTO 什么时候出现危机呢?其实这 20 年来 WTO 的问题一直存在。1994 年 WTO 成立,中国还不在里面,四年以后,美国克林顿把劳工标准纳入了 GAAT 议题里面,结果造成了游行示威。第二次,在 2003 年西雅图会议时,这是 WTO 历史上出的问题最大的一次会议。为什么呢?一个韩国的农民抗议自杀。他说世贸组织杀害农民。农产品的开放问题,这跟中国没有关系。中国从来没有就农产品问题在 WTO 里面做过非常激烈的抗争。我个人认为没有。当然里面还有很多的议题,这跟中国没有什么关系,但是这些问题不解决掉,即便中美双方解决了,那 WTO 也无法走。

WTO 跟以前不一样了,什么叫相关性?我认为是两条件:一是要跟全球价值链相关。二是要跟全球经济治理相关。为什么呢?我们现在看到 WTO 前面还有一个 G20,投资便利化很多议题都是在 G20 达成的协议。有人说 G20 最多就是 20 个国家,你又不是 WTO 里面的董事会,跟我们有什么关系?你达成的这个在 WTO 里面,我们不需要执行。这就是一个需要治理的问题。

我个人一直认为 WTO 改革确实是能够成功的,其成功取决于中美双边问题的解决,但是也不是完全取决于中美双方之间在 WTO 的摩擦或者是辩论。

在中国和太平洋联盟经商:我们可以互相借鉴什么?(秘鲁天主教大学商学院　劳尔·霍普金斯·拉雷)

《全球商业环境报告》是由世界银行发布的一个年度报告,是在 2003 年开始的。这个报告主要是调查在商业环境当中的政策法规所起的作用。这个报告调查了十个领域的指标,其中包括商业周期所有的环节。我们来看一下这些指标,最开始是创建企业,找到厂房获得融资来进行日常的运营,以及应有安全的营商环境。这是针对 198 个国家所做的一个调查,我们关注的具体的指标包括创业、获得建造学科、获得融资或者是支付税收以及跨境贸易等。这个报告展示了学术的工作可以来提高政府干预的质量,我们要比较的是太平洋同盟(墨西哥、哥伦比亚、智利和秘鲁)与中国到底发生了什么。其中提到了一些新的可以干预的领域,即使用信息技术和一系列的变革来推动贸易和投资。但是就合作而言,似乎跟 20 年前没有太大进步和变化,我想随着技术的进一步演进和发展,我们也可以有所改进,这就是我们认为在世界上中国可以发挥作用的领域之一。

2006 年全球国家营商环境排名中,中国排名是 91 位,一共是 190 个国家参与排名,智利是 25 位,哥伦比亚是 66,墨西哥是 73,秘鲁是 71。到 2019 年以后,中国已经超越所有拉美国家,就平均表现而言,这一点非常有趣。中国是东亚和太平洋地区唯一在 2019 年营商环境挤入前十的国家。中国在过去一年各方面都有变化,很多改革措施相继出台。

我的总结是中国致力于改善其营商环境,尤其是在过去十年尤其如此。第二,拉美国家需要向中国学习政府如何可以起到积极的干预性的作用。实际上拉美国家在有一些领域里面也有它领先的地方,这也是中国政府可以学习的地方。最后,在这些领域里,比如说如果双方能够彼此学习,大家都能共同进步。

中国政府经济角色的新解读——新政府经济学的构建（浙江大学经济学院院长 黄先海）

中国经济发展在过去70年中取得巨大的成就，大家都感觉到中国政府在其中起了很大的作用。但是西方主流媒体认为，中国政府这么大的一个经济功能和它的经济行为是不可能取得这么好的成绩。所以这是一个悖论。那么这里有一个问题就需要解读，用一个中国理论来解读中国故事。

首先，从国际视角来讲，政府与市场的关系一直在研究，从宏观层面上政府的行为大致上都是差不多，差异就在于微观和中观。另外一个视角，中国作为一个后发国家，政府的作用因为有先发过程的先例在那里，所以力度比较大。这些政策取得了一些好的成绩，但是也面临着一些问题，当下中国从内生的角度来讲，原有的政府经济行为和产业政策也碰到了一些难点：(1)选择性干预行为逐渐进入信息“盲区”。(2)后发追赶效应迅速衰弱。(3)政府自身失灵趋于严重。所以中国原来的政府的经济行为面临着挑战，虽然取得了很大的成绩。

第二方面，政府经济学研究的脉络。概括为三种大的类型：(1)政策角色1.0版本，称之为守夜型政府。政府最主要的在市场失灵的时候出来维持秩序。(2)政府角色2.0，规制型政府，基于守夜型的制度上维护市场的竞争。(3)政府决策3.0，发展型政府，除了规制和协调失灵，可能使企业个体面对的市场无法达到预采用现代技术匹配的规模经济，它需要弥补市场。

第三，中国是怎么做的呢？我们提出了中国4.0版本：赋能型政府。就是赋予市场和企业的一个能量，增进这个能力。西方认为不应该有这个功能，这是最大的一个特点。赋能到底怎么赋能的？它应该是中立赋能，而且更加有利于扩大竞争，增进市场。无论是欧美的政府行为和中国的政府行为，有一个共同点都是为了增进市场，但是在具体的职能表现上，中国的政府职能更多一点。

结论是，提高政府对微观企业的干预强度，并不能促进企业创新活动，而竞争中立型政策，可以显著弱化对企业个体层面创新行为的替代效应。更重要的是产生市场层面的竞争增进效应，激励企业进行研发创新。我们的思路是可以有中国特色，但是要有国际规范的一种新的政策体系。在建立竞争中性框架下，通过政府的中间中立赋能行为来避免价格扭曲和增进市场的进程。

中国改革开放 40 年的发展及对世界的影响(国务院发展研究中心 丁一凡)

这里从三个方面解释一下中国改革开放 40 年对世界的影响。首先讲经济增长对世界经济的增长的影响。第二个问题讲中国的市场发育,在 40 年中中国的市场对内对外的影响。第三个方面讲投资,中国如何接受外来投资和对外投资。

把 1978 年到 2011 年中国经济在世界经济所占比例的变化,和其他国家做一个比较,可以看到中国、印度当年的水平是什么样的,然后慢慢地发展得越来越快,使中国大大超过了其他国家。1980—2015 年,中国实际 GDP 年均增长达到 9.7%,同期世界经济增速仅为 2.78%,约为中国的四分之一,中国对世界 GDP 增长的累积贡献率超过 13%。从 2008 年国际金融危机以来,中国经济增长对世界经济增长的贡献率一直超过四分之一,近些年来甚至达到了三分之一。2016 年,中国的 GDP 同比增长 6.7%,远超世界经济 3%的增速,而同期美国增速 1.6%,日本增速 0.9%,欧元区增速 1.7%,发达经济体平均增速仅为 1.6%,发展中经济体总体增速水平也仅为 4%左右。

第二个问题讲中国市场的变化。1978 年以来,中国年均进口增速达到 16.7%,对国际贸易增长的贡献率超过 12%,已成为亚洲第一大进口市场。40 年间,中国从最大的机器设备进口国成为最大的机器设备出口国,汽车产量从 32 万辆发展成为汽车产销量世界第一。已成为全球最大的石油、天然气和肉类进口国。所以,2019 年中国零售总额将增长 7.5%,达 5.6 万亿美元,而美国有望增长 3.3%,达到 5.5 万亿美元,中国将超越美国,成为全球最大的零售市场。这个事情是可持续的,中国一旦变成最大的消费市场以后,它对于整个价格的制定会产生巨大的影响。

第三部分,讲的是中国的外来投资与对外投资的变化。从 1979 年到 2012 年,中国实际使用外资 12 761 亿美元。从 1984 年开始到 2012 年,中国引进的外来直接投资年增速 18%。在整个的 80 年代,就是改革开放已经开始的时候,差不多那个时代每年引进的外资只有几百万美元。到 2017 年,引进的外来直接投资,一年之内就上了 700 多亿美元。从 2007 年开始中国不仅要吸收外来投资，对外投资到2012年时存量已经达到了5 000多亿美元。2014年开始，中国每年的对外投资开始超过外来直接投资。

最后是总结：(1)特朗普政府在“退群”，贸易战要逼美国企业回归本土。(2)中国在“建群”，响应“一带一路”倡议的国家越来越多。(3)中国变得更加开放。自贸区更多了，外来投资的手续更简便，现在采用了负面清单模式使得外来企业办各种各样的手续很方便。所以，中国经济未来对世界的贡献会越来越大。

追溯中国经济奇迹的源头（上海社会科学院　周　宇）

我把中国经济高速增长的原因分为四个因素：(1)市场化。(2)所有制多元化。(3)外资利用。(4)出口增长。就市场化来说，我觉得中国没有优势，在所有制的多元化方面，我觉得中国也没有优势，因为在西方经济学里面有优势的是以私营企业为主的，但是我们对这个问题有不同的看法。在利用外资方面，我们确实是全世界引进外资最多的发展中国家，但是按照国家规模来看，按照总体体量来看，我们引进外资和利用外资的水平不仅不高，而且低于全球的平均水平。我觉得中国和其他国家不一样的地方在于出口。是什么能让中国在经济增长方面和其他国家区别开来呢？我觉得最大的原因是出口。从1980年以后，中国开始进入经济高速增长阶段，出口远远超过了印度，而且这个差距越来越大，基本上我们的数据和日本经济高速增长的出口数据还是比较接近的。我把一些全球经济增长比较快的国家和经济体的数据放在这里，可以发现在所有经历过高速经济增长的国家，它的出口都实现了高速增长。而且它的出口的高速增长和它的经济高速增长是发生在同一时期的，中国和这些经济体有什么区别呢？它的出口更高，而且出口高速增长的时间也更长。就是说这些国家都实现了高速增长，所不同的是中国实现了更高的、更长久的高速增长。

为什么会实现高速的出口增长呢？我觉得有四个因素：(1)利用已有技术的后发优势。(2)利用廉价劳动力低成本优势。这两个优势不是中国特有的优势，所有的发展中国家都享受了这两个优势。(3)中国具有大国的优势。(4)中国具有强势政府的优势。很重要的一个原因是我们的市场非常庞大，可以把工资控制在一个比较低的水平。中国还具有政府的优势，比如说中国的土地是归政府所有,中国通过大量的出卖土地,用获得的费用来完善基础设施建设。

其他国家能不能模仿我们国家的优势?它只能模仿一半,比如说印度。印度的人口接近13亿了,可能过两三年就要超过我们的人口了,它可以利用我们的大国优势,其他国家几乎没有这样的优势。但是印度不具有强势政府优势,它的政府没有什么资源,中国的政府有很多资源。

第三圆桌议题：中华文明与世界文明交流互鉴

文明互鉴的路径与中国方案（复旦大学哲学系教授　吴晓明）

首先，各文明、各民族间的交流与交通是文明互鉴的前提条件。历史上民族之间交流与交通主要通过三重路径：(1)战争与迁徙可能导致文明互鉴。比如亚历山大战争、拿破仑战争、日耳曼人战争，以及中国历史上蒙古族入主中原，满族入关，等等。(2)商贸往来也可以导致文明互鉴。汉唐的中国非常典型，再比如说丝绸之路。黑格尔也曾经讲过商贸的交流和交往使得民族之间、文明之间的交流变得发达起来。(3)文化交流层面产生文明互鉴。如希腊文明的形成过程以及佛教的中国化等。黑格尔曾经说过希腊人既有自己的传统，又面临着当时强大的优越的东方文化，正是经历了文化结合的艰苦锻炼，希腊文明才拥有了活力，并且开创出自身的繁荣时代。佛教从印度产生，但在中国经历了漫长的中国化过程，13 世纪佛教在印度几乎灭绝之时，汉传、南传、藏传的佛教都在中国存续弘扬。由此说明文化交流互鉴有两个非常重要的主题，即自主性和容受性，这是文史研究当中非常重要的轴心的概念。而且文明互鉴的以上三种路径往往并非单一，而是以多重方式交织起来。

其次，现代性权力(资本和现代形而上学)不仅开拓出“世界历史”，使得非地域性的交流与交通成为可能，而且还创造出了马克思所说的全球范围内基本的支配—从属关系。海德格尔甚至说，“世界历史”乃是地球和人类的欧洲化。这种支配和从属关系建立起来的不是“互鉴”，而是“霸权式入侵”，各民族国家之间的世界秩序以“威斯特化利亚”体系为基础，核心是强权＋均势。所以从这个意义上来说，现代世界尽管提供了文化交流、文化交通的最广阔的可能性，为文明互鉴奠定了最广阔的所谓世界历史的基础，但是为商业而战争、为掠夺而战争，由现代性所建立起来的支配和从属关系，使得互鉴降到了最低点，现代世界文明互鉴是最为稀少、最为罕见的。

最后，在新文明类型的可能性展开之际，乃是真正的文明互鉴实行之时。"互鉴"意味着平等交流与对话，彼此学习与欣赏，而其前提是在现代世界中出现新文明类型的可能性。文明互鉴及其中国方案，突出体现在中华民族伟大复兴的诉求中。所以中华民族复兴一方面在于要成为一个现代化强国，要占有现代文明的成果，另一方面要构建超越现代性的新文明类型。

总之，真正文明的互鉴需要有现代性的前提，也就是世界历史的广泛交流和交通的可能性，但是另一方面文明真正的互鉴，需要在新的文明展开过程中才能够得到真正的实现。

技术创新时代中西文化互鉴（上海社会科学院哲学研究所研究员周昌忠）

首先，西方文化以其知识主向度对人类社会的进步和发展作出了主要贡献。当今世界处于所谓技术主导的技术创新的时代，科学都是从西方文化产生，它以逻辑存在和语言为内涵，现在 EIT 技术和基因技术主导的高技术，特别凸显了知识作为语言的逻辑形式，固化为机器的无限可能性和越来越强大的力量，这就证明了西方文化与知识的主向度对于人类社会文明的进步和发展作出了贡献。

其次，中国传统文化作为人文文化乃以天人合一于道的观念内核，成为中华民族屹立于世界民族之林的强大精神支柱。中国传统文化生命力历久弥强，特别显示出对外来文化的知识内涵有着强大的包容、融合和增强的力量。自从所谓的科学东渐传入中国以后，中国大地上在短短 100 年里科学和现代技术取得了骄人成绩，成为我们中华崛起重要标志。西方花了 1 000 多年的哲学准备，从哥白尼到牛顿又花了一两个世纪，再从牛顿经过 200 多年将近 2 000 年取得现在的成就。而中华文化在中华大地上 100 年内不能说全面达到，有很多地方不仅是追平了，而且是超出。这很值得引起思考，就是我们中华传统文化原来是关怀人文问题，为什么能够在土壤上那么快成长发展起科学技术？这说明中华传统文化对于外来文化知识内涵有强大的包容、融合和增强的力量。同时，中华文化对外来的科学，能够从文化的层面蕴含强大的力量培育发展壮大并达到巅峰。

此外，西方哲学对于科学固然是知识文化，但是相对而言几乎全部力量都花在思考现成的知识上面。创造创新是无限开放的过程，而更重要的是创造需要的资源是无限的。所以创造者、创新者都不是工匠式人物，而是一个活跃、有广阔文化背景的人。中国传统文化的博大精深令人叹为观止，当然就可以成为创新的资源。比如说有很著名的例子，日本物理学家汤川发现介子，他受到了庄子的启发，庄子里面没有基本物理学，但是他读了以后受到关键启发。这就是文化资源的重要性。

所以本着文化互鉴，可以大胆揣度，中国传统文化就创新而言似有深意存焉。西方哲学相对而言更花大力于知识之现实存在，对知识的创造则晚近才以现象学予以关注。创造是无限开放的过程，故凡致力创造者务必戒绝“匠气”，需厚植精湛的人文素养。

世界历史研究是当代中国文化建设的重要组成部分（上海师范大学副校长、教授　陈　恒）

无论从政治、经济、社会和文化的交往交流上来说，还是从中国自身的文化建设来说，研究世界历史都是极其重要的。要保持自身文化充满活力，须有外来文化不断冲击，不断与外来文化融合，从而推陈出新向更高级的文化发展。加强与世界各国的互通、互鉴、互容是构建“人类命运共同体”的一项重要内容。构建人类历史重大理论问题话语体系，离不开对其本体即世界历史进程的原创性研究，也包括对话语体系的研究。

首先，中国文化对于外来的文化一直是非常包容的，主动的。比如说佛教在中国来自外来文化，但是本土化以后已经无法区分和外来文化之间的差异。再比如说近代商务印书馆对域外文化的翻译和介绍，当今无论是做域外研究的还是做中国传统文化研究的，可能都受商务印书馆的影响。改革开放 40 年来，中国对于域外文化尤其是西方文化的吸收是非常巨大的，包括今天各种畅销书的排行榜，翻译的著作都占很大比例。

其次，中国要建立自己的学术体系和学科体系，是对人类文明做出不同的解释,这并非是要取代域外或者取代西方、否定西方,而是要加强与世界各国的互通、互鉴、互容。西方学术中心的原本就一直在转移,就欧洲内部学术中心来说,中世纪就从希腊转到罗马,近代以来从法国转到英国。从世界范围来看,近代以来学术的中心从欧洲转移到美国,而且发展得很快。在19世纪,美国的历史学家一定要到欧洲、德国留学读书,拿到学位以后才能在美国站住脚。但是"一战"后美国的学术快速发展进而超越了欧洲。此外,世界史的研究要研究什么?毫无疑问要研究大国,要研究区域,要培养这方面的专门人才,精通他们的文化、语言、历史、宗教。中国的历史学家还要研究世界历史整体性发展的基本概念,比如说环境问题、民族的问题、公民的问题等。而且还有一些不可回避的内容需要国内学术界关注:对人类历史重大理论问题的研究;对世界历史分期与主线的研究;对与现实和大局密切相关的重大历史问题和领域的研究;对西方史学概念与知识生产机制的研究;对边缘性、非欧美国家和地区历史的研究。

最后,谈谈中国世界历史研究的基本情况。在2011年,学科调整把世界史归在历史学门类下面,成为独立学科,代表着中国对于未来的渴望,也是一个大国的姿态。所以从那以后短短的八九年时间,世界史研究发展非常快。现在博士一级点有21个,硕士点有80多个,博士后流动站有几十个,所以已经建立了非常完整的人才体系。当然也有不足之处,比如布局不太合理,不仅仅是空间上的,还有关注的问题上的。在世界史研究重大问题上,国家的意识或者学术团体意识没有凸显出来,研究人员各自为战,按照个人的爱好或者地域的爱好进行研究。这些都是在以后研究当中亟须改变的。

平等交流还是等级性俯视——近代欧洲思想谱系视角下的考察(复旦大学历史系教授　李宏图)

在世界文明历史进程当中,特别是在17、18、19世纪,欧洲随着它的扩展或者扩张以及形成殖民地国,不可避免地和其他的文明进行接触,进而理解它们的文明样式、文明发展道路,以及其他文明的内在特性,所以在这个过程中就形成了欧洲独特的一种文明观。这样的文明观在某种意义上有助于我们了解欧洲人是如何理解他者文明的。

首先,17、18、19世纪这三个世纪当中,欧洲文明观有三种不同的指向。

一是以18世纪的法国启蒙思想家孔多塞为代表，以进步观为基础的文明观。即我们每个文明都是进步的，都要不断地从野蛮的走向文明，而不仅是欧洲体现为从野蛮到文明，而其他的国家、其他民族也应该从野蛮到文明。孔多塞不仅看到了欧洲，也看到了人类，因此他的文明观在某种意义上可以看成是世界主义的文明观，超越了某一个特定的民族，看到了每个民族都有独特的文明类型，以及不断地从野蛮走向文明。

二是以英国思想家约翰·密尔为代表，把文明分为野蛮和文明两种类型，认为非欧洲地区是野蛮的。这种观点在19世纪成为了主导，不仅仅是约翰·密尔，包括很多思想家都是在这样的文明观下面理解世界的，欧洲成为了文明的代表，而非欧洲地区成为了野蛮，由此形成了今天主导世界的文明和野蛮的两分法。

三是19世纪以法国思想家戈比诺为代表的种族主义。他的社会进化与弱肉强食为代表的文明观在19世纪以后慢慢成为主导型，以孔多塞为代表的世界主义文明观慢慢地消失了。

其次，文明和文化之间的关系是什么？这是在19世纪的德意志思想家做出的区别。面对法国文化的入侵，德意志思想家说你们是文明，而我们有文化，所以文明和文化变成了两分，今天这样的思想遗产对我们理解不同文明的心态、不同文明的发展道路、不同文明的类型以及它的内涵具有启发性意义。

再次，关于文明概念的现代性内涵。英国思想家约翰·密尔在他的文章《文明》中明确地说，文明就是对财产权的保护，这是文明的重要的标志。亚当·斯密在《国富论》也表达了这样的观点。他们采用了文明与野蛮的两分法，也同样对于文明现代性的内涵作了表达。所以今天的思想意识值得我们反思，我们不能把概念当成是随意性的工具，必须解剖它的文明现代性内涵。

关于根据问题（上海社会科学院哲学研究所研究员　俞宣孟）

提出任何理论，乃至讲一种意见，要能说服人，都必须有根据。

根据问题是哲学问题。每门特殊领域的学问都有自己的根据，根据在这些学问中同时也就是前提。各门学问一般不对自己的前提做进一步的追问，最终的根据在哲学。哲学也因涉及最终根据而成为哲学。

孔子关于根据问题的论述不在《论语》,而在《周易》的“十翼”。“易有太极,是生两仪”可以认为就是儒家学说的全部出发点和根据。“两仪”是就卦的组成而言的,即阴爻、阳爻,推而广之,也代表阴阳、乾坤、动静等各种对立的因素。“太极”作为“生”出各种对立因素的源泉,它本身与那些因素有别,它不是阴阳,不是乾坤。“太极”是相对于它们的“无”。后儒周敦颐讲“无极而太极”,点出了“太极”作为“无”的性质。中国历史上围绕有、无的关系有很多深入的讨论。

西方哲学把“有”(being)作为全部哲学的出发点。发展到黑格尔的时候才提出,作为出发点的“有”因为没有任何的规定性而等于“无”。

哲学必须从没有任何规定性的“有”即“无”出发,因为哲学不是任何特定领域的哲学。但哲学也不能从绝对的“无”出发,因为绝对的“无”连说出“无”的人也是没有的。我们能说的总是从“有”的否定中得到的“无”,因而各人说着“无”的时候,其“无”的程度依其对“有”的理解而是有差异的。哲学要触及的“无”是人所能知道的最大的“有”的否定。

黑格尔想得到这样一个最大的“有”,但是当他对把“有”规定为逻辑范畴、规定为没有内容的直觉的时候,实际上已经限制了“有”的范围。这显示出西方传统主流哲学基本上是以主客二分基础上的认识为特征的哲学。

中国哲学出发点的“无”是把包括人自己在内的一切“有”融入进去的“无”。“天人合一”是其“显”。中国哲学追求“无”不是像佛学那样进入涅槃的境界,而是为了体验自己作为“明”的本性(在明明德),以便人能够以新鲜的眼睛看待事物,在让事情得到通达的过程中创造自己的生活。以“无”为出发点,以生活为落脚点,这应当是“形而上者之谓道,形而下者之谓器”的意思。

根据问题不仅可以论证中国哲学之为哲学的资质,而且还是衡量各种哲学彻底性程度的标志。更重要的是,有了根据问题的哲学训练,对于当今之世界提出的各种言论,在接受或否定它之前,我们很容易想到的就是问一下它的根据。

中国故事与中国道理(华东师范大学思勉人文高等研究院研究员　杨国强)

中国故事和中国道理的关联与区别在于,前者是具体的、个别的、形象的,后者是内化的、深沉的、整体的。我们要让世界了解中国,在对象和受众上除了大众之外还有被称为关键少数的精英,前者是容易接受故事的,而后者在西方社会里影响更大，且不可能满足于故事。让世界了解中国可以用讲述和倾听开始，但是最后肯定会超出讲述和倾听成为对话，对话肯定只能是讲道理。在长久地提倡将中国故事之后，现在应当既讲中国故事，同时又以讲中国道理为自觉。

一方面，西方的思想文化的优势是经过长久的累积形成的。300 年来，以孟德斯鸠、亚当·斯密到亨廷顿为代表的西方知识界通过不断的构筑、传承，形成了一整套思想体系；基督教从欧洲向世界其他地区的传播，及由此带来的上帝的合一和西方人种种观念的合一，同时也附带了基督教独尊念和排他性；以欧洲为中心的历史叙述和编撰，是西方现代化过程成为世界历史中的一半性和普遍性，但是这让其他具体的各个民族之间丰富多样的历史文化，都变成不能进入主流的异端。以上三者构成了一种西方道理，西方世界以此为说服力、影响力，长久的占据了文化的强势和优势。

另一方面，与西欧、北美在思想文化上具有的强势和优势相比，中国 40 年改革开放取得巨大成就和我们思想文化的影响显然不相对称的。明清 500 年的东亚秩序，以及今日仍然存在的儒学文化圈又说明，历史上的中国也曾以自己的文化影响周边。儒学文化的本质也是一套说服人心的道理，越南、朝鲜、日本都曾经学习模仿过中国的科举制度，中国的文化传播肯定是中国道理传播。所以今天讲的中国道理作为一种历史事实，是从文化历史而来。70 年共和国的历史，特别是 40 年改革开放的历史，形成中国道路或者中国模式，实际上已经超出了西方的经验，所以是西方道理不能接受的。

今天的中国道理是对应于中国道路而成的，是以 170 年中国近代的艰难变迁和转型，来说明中国道路的历史由来、历史因果和历史理由。正是借助于这种由来、因果和理由，中国道路便不仅是一种事实的存在，而且是一道现代化的道路。中国的变迁和转型，从而中国道路的形成，都是在中西交冲和走向世界的过程中实现的。因此，中国道路的中心，一是中华民族的伟大复兴，二是人类命运共同体。这是中国不同于西方的地方，可能也是中国对世界的贡献。

中西工业革命与中西文明比较（《文化纵横》杂志社社长、总编辑　杨　平）

回到文明的整体框架里再看中西工业化道路，中国的工业革命的文明前提大致有几个特点：第一个特点是大一统，即在大一统前提下完成工业化。也就是说在长期的历史过程中,整体上表现出统一于一个国家之下的广大的人口和地域。同时在政治、经济和教化上实现统一,这是大一统非常明显的特征。而且这样的大一统具有极强的再生产能力,也就是分久必合、合久必分的趋势。

第二个特点就是国家与基础性生产资料、战略性生产资料的关系。跟西方非常不同,在历史上中国的主权者集团是总地主,也就是说基础性生产资料和战略性生产资料的垄断者是国家。普天之下莫非王土,在中国历史文化当中具有非常鲜明的特点。

第三个特点是政治与市场的关系,即是政治主导下内部交易为主。内部交易是指在政治体内部完成的交易,相对于统一的经济体与统一的政治体是高度重合的。外部交易是指交易在不同的政治体之间完成,相对统一的经济体大于统一的政治体。在内部交易占绝对主导地位的中国,市场必然服从政治。

第四个特点是政治与教化关系是文教一体化。中国的教化组织形态主要是儒教,但是儒教从未建立自己独立的组织系统,也没有形成自身相对的独立性,一直是在政府的领导下互动发展,它的经书都是正点转变过来的,它的人才培养机制都在体制内,目标都是为政治服务,所以它的政治与教化是合一的。

第五个特点是经济发展是内卷化的。所谓内卷化是外部市场增量十分有限而形成发展模式,发展方式主要依靠劳动密集型和单位劳动生产率获得发展,分配比较具有政治性。

对比一下西方工业革命的文明前提,与中国显然有比较明显的不同。第一个特征是均衡体系,相当于中国大一统。从希腊体系到西欧体系,都是一种碎片化的、建立起以民族国家为单位的国家民族体系,非常鲜明的特点就是小国玩均衡。第二,国家与基础性生产资料、战略性生产资料的关系是国家建立不起对于生产资料控制系统,不管是它的宗法制度下还是君主制度下,国家不能对生产资料建立控制。第三,政治与市场的关系是外部交易容易左右政治,在外部交易占主导地位或居于绝对主导地位的西方各国,市场常常拥有挑战政治的力量,所以君王经常被商人左右、被市场左右。第四,政治与教化的关系是政教分离。第五,经济发展是外殖化的。

中国文明和西方文明在工业革命上的结合性特征有两条。第一,西方是处在先发地位,中国处在后发地位,这是中西工业化在时间序列上的总的特征。第二,西方工业革命为中小规模的均势性,中国工业文明是大型规模的统一性,这是中西工业化在空间结构上的基本特征。这两个特征都是客观的,具有全球性。当前中西工业革命与中西文明面对的总体性的挑战，就是在新的全球化基础上，形成的全球范围的全面的内卷化，外部空间越来越窄，人类文明越来越趋向于一体，靠外殖而进行拓展的空间日益狭窄。所以以中国大一统文明为总的框架，吸纳西方均衡体系文明，处理多元社会体的政治智慧，创造新时代的工业革命和经济发展的新的基础和新的机制，成为我们当前的任务。

作为宇宙时空的解码器：《易经》对西方文明发展的新意义（俄中友好协会专家理事会理事长、哈萨克斯坦纳扎尔巴耶夫大学中国研究中心首席顾问　魏德汉）

关于《易经》，经常有很多模棱两可的回答，搞不清楚它的题材是什么，不了解它是什么样的一本书，它在过去文明发展当中发挥了什么样的作用，扮演过什么角色，这本书是否已经就此了结了还是将来会开辟出辉煌的未来。这些问题跟中国文明的很多问题是连在一起的。西方人对于《易经》的了解是非常粗浅的，很多人不清楚这本书是讲什么，甚至认为仅仅是一本算命、算卦的书。我的研究认为《易经》是一本教科书，教你怎么进行思维，怎么进行恰当的思维。中国文明就是一个《易经》文明，《易经》中周而复始变化循环的思维特征，就是中国文化的特征。

中国的文明是一种全方位的文明，和西方文明不同。区别就是大家对于时间的概念是不一样的。在中国，对时间的概念表达为天人合一，按照中国《易经》来理解就是时间永远不会停止的，它总是以一种周而复始的方法在演变。人的意识也是因此而受影响，所以是永远无休止的。西方的理念就是时间会结束的，因为世界会有末日。上帝创立了世界，就必然会有终点。在基督教、犹太教，甚至伊斯兰教，都有一个最后的时间节点，最终的大审判。而中国文明总是说无起始、无终止，这对中国人的思维影响很大，构成了中国人独特的时间观。

《易经》作为一种通用的时间语义译码器对西方文明发展具有新的意义。几千年来，《易经》一直是远东地区的主要文本，为教育管理学派奠定了基础。孔子根据更古老的传统描述并创建了教育管理学派。一代又一代的中国科学家已经学会用《易经》来思考，这也是我想重点关注的。耶稣会的僧侣们首次对《易经》进行了描述和翻译后，《易经》就于 17 世纪以来一直为西方人所知。这是非常重要的一点，这意味着《易经》的基本释义被基督教传统阉割了，因为违背基督教传统对《易经》进行释义在当时是不可能。迄今为止，成百上千的西方文本(以英语文本为主)都致力于《易经》的释义、翻译和研究，但尚没有人确切地知道《易经》是一本什么样的书。要回答这个问题，需要从一个完全不同的角度来看待《易经》。

我们需要将《易经》与科学的现代发展相联系，在语义学、符号学、遗传学、控制论、量子力学以及现代西方世界科学世界观的其他领域中对其进行重新解读。此外，将《易经》与西方的主要著作做一个全面的比较分析也是很有必要的。在此，我指的是犹太的《物镜》和印度的《吠陀经》。我们不可能超越时间与意识的概念去理解《易经》，因此我建议将其文本类型定义为时间语义译码器。

日本学者眼中的南洋华人与“文化”(日本横滨国立大学教授　新沼雅代)

文化指的是什么?很多学者都有关于文化方面的研究，英国的伊格尔顿给出的定义是，第一，文化是构成特定群体的价值观、习俗、宗教复合体。第二，文化是帮助人们在特定环境下探索适当的行为模式和指导方针。日本的冈部朗一从多元文化角度对文化给了如下定义:文化是由某个群体的成员，经过许多世代获得并积累的知识。东南亚华人需要自己的文化，但他们大多来自中国。这个问题表现为“寻找独特文化”的矛盾，可以说目前陷于两难境地。“中国元素(Chineseness)”是被“文化”维持的中国与东南亚华人之间的纽带。但另一方面，它会限制东南亚华人形成自己的独特文化。

东南亚华人的情况因东南亚各个国家而异。以新加坡为例来说，新加坡从实现经济发展转向注重文化和艺术方面，也让新加坡华人更加意识到他们的文化和艺术大都来自中国。因此新加坡政府呼吁新加坡华人创造自己的文化。2017年，新加坡总理李显荣在新加坡文化中心开幕式上提出，新加坡公民要拥有新加坡华人文化。然而，政府给新加坡华人“寻找独特文化”的压力却促进了年轻的新加坡华人更加喜欢欧美文化的趋向。由于东南亚华人所处的环境是很复杂的，新加坡政府呼吁新加坡华人创造自己的文化，是因为政府在国策上忧虑新加坡华人社会中渗透了殖民地性无意识。日本学者小森阳一认为，殖民地性无意识是网络自发性的以高举文明开放为口号，通过模仿欧美列强中固有的自我殖民化而构成的，接受被殖民的事实装作什么也没有发生，抛弃理性思考，把要考虑的问题忘掉。这种情况也被称为后殖民主义（Postcolonialism）。日本学者指出后殖民主义即为殖民主义以后的思想，许多殖民地即使在政治独立之后，还在遭受经济和文化上的影响。殖民时代欧洲人给当地华人所定义的“东洋外国人”，是指以中国人为基础而形成的种类，以东洋为假设与西洋不同。欧洲人注意到他们是与外国人原住民不同的人，拥有广泛和强大的网络，是擅长买卖的特殊人群。他们已经逐渐认识到自己是“东洋外国人”，这个概念是现代东南亚华人目前心态的基础。

中国文化的缘起与当代重心的转移（上海社会科学院哲学研究所研究员　周　山）

中国文化源远流长，田野考古发现，北有仰韶文化、红山文化、龙山文化等，南有河姆渡文化、良渚文化、青墩文化等，这些被称为“史前文化”的文化遗址，都有五六千年以上的历史。

将《周易》称为中国传统文化的源头，因为这部古经是中国古文化经过几千年的发展进入成熟期的代表作品，《周易》自诞生之时起，便成为中国文化的核心，对中国文化的发展起着重要的规范影响作用，形成了各具特色、相互交融、各自表达的两河文明。从现在地下发掘来看，最早的黄河文化有 6 000 多年的历史。长江文化、河姆渡文化、良渚文化也有 5 000 年的历史。中国的两河文明东西长 5 000 多公里，两条河之间的距离最远达上千公里。这两条河形成的文化是两个区域文化，都具有原始文化的特点，但相互之间有差异，各有特色，同时从一开始它们相互之间就有交流，形成了不同区域文化之间的交流相融，而又各自表达。两河区域文化之间的互动，最早是黄河文化居于主导地位。一百年前，新文化运动兴起，拉开了中国文化重心南移的帷幕。经过一个世纪的演变，中国文化重心的当代转移基本完成。

世界中国学论坛的徽标，是《周易》中的“同人”卦象，取意卦辞“同人于野，亨”。“亨”是通畅的意思，两种远方文化之间的交流，使得文化的发展非常通畅，文化发展通畅可以起到什么作用？“同人”卦里面讲，非常有利于做大事情，非常有利于君子的发展。与远方之人交朋友,做人做事都会一帆风顺。即孔子说:“有朋自远方来,不亦说乎!”

地中海文明和中华文明的差异性(中国社会科学杂志社副总编辑、《中国社会科学文摘》主编　李红岩)

人类历史文明的发展是一般性、普遍性和特殊性、多样性的统一过程。一般性和普遍性就是说任何人类文明都是一样的,没有本质的差别;特殊性、多样性是指任何人类文明又都是不一样的,就仿佛一棵树上的没有两片相同的树叶一样。所以如英国诗人所说,东方就是东方,西方就是西方,它们永不交汇。英国的历史理论家汤因比对历史上人类文明做过类型和形态的划分,他认为有的文明衰亡了,有的文明断裂了,有的文明延续了。每一种文明都具有不同的特点和韵味,这就如同我们习近平主席所说的那样,每一种文明都扎根于自己的生存土壤,凝聚一个国家、一个民族非凡智慧和价值追求,都有自己存在的价值。

在汤因比划分的二十几种文明当中或者众多文明当中,中华文明与地中海文明经过长久的演进与演变,直到今天依然保持着旺盛的生命力。地中海文明与中华文明之间,无论在发生的起点上,还是在演进的过程中,都具有明显的差异性。这种差异是语言、文字、肤色、发展道路等的差别,不是高低优劣的差异。因此,学者们对这两大文明内在特性的专业分析,都不妨碍学者们肯定双方的价值。就学术界而言,无论是关于中华文明还是关于地中海文明的成果已经很多了,尽管成果很多了,但是对于两大文明的比较研究依然有很大的拓展空间。

应加强开展两大文明的比较研究,因为这是一项具有重要价值的研究。东方所以是这样的,西方之所以是那样的,都是它们各自的历史决定的,我们既需要从中华历史发展的维度认识当代中国,也需要从西方历史发展的维度去认识以美国为代表的当代西方的国家。这个关系不能错位,如果依据中华文明价值标准看待西方、评判西方,那是不对的;反过来如果依靠西方的价值标准来看待东方的、看待中国,也是不对的。

对于其中所涉及的历史因素、时段节点、演变机制等,都需要进行深入的比较研究与揭示。因为了解了彼此的历史,就会对彼此的现在多一层更深刻的体验，并对未来文明的建设多一分理性的态度。习近平主席说交流互鉴是文明发展的本质要求，只有同其他文明交流互鉴，取长补短才能保持旺盛的生命活力。文明交流互鉴应该是平等的、对等的，应该是多元的、多向的，而不应该是强制的、强迫的，不应该是单一的、单向的。我们应该共同做文明人，建设交流互鉴的世界文明。

世界文明交流史上的典范：中国与印度的思想文化交流（上海社会科学院哲学研究所研究员　夏金华）

自从西汉开通“丝绸之路”以来，中国与欧洲、中亚、南亚国家的经济、文化交流便开始了。尤其是与印度的交流最具特色，双方友好往来的历史长达一千多年，在世界文明交流史上也是罕见的。这场两国间长期的文明交往史，总的来说具有以下特点：

首先，两国宗教从官方认可的原则下开始交往，富有戏剧性且成效显著。这种交往的开始不是事先计划好的，而是具有偶然性和随意性，却又因为偶然性和随意性取得了意想不到的成果，官方开启了中印两国思想文化交流大门。交往初始很富有戏剧性，竟源于东汉明帝做的一个梦，于是派遣大臣前往印度取经。因而有两位高僧来洛阳翻译了第一部佛经——《四十二章经》。从此双方的往来不断，形成了“西行求法”的潮流。这是中国第一次大规模向外国学习的运动，主要是学习佛教，双方是你情我愿，彼此对话，相互尊重，官方与民间的积极性都非常高，虽然说有些求法的活动受朝廷资助，但是更多的是自发行为。

其次，印度佛教文字被译成汉语之后，通过广泛的传播对我国的思想文化产生了巨大而深远的影响。适逢儒学衰微、道教萎靡不振的南北朝时期，佛教输入在隋唐时形成了以天台、华严、禅宗等宗派，儒、道、佛三教三足鼎立。至宋代，受佛教的启发与影响，理学、心学崛起，重回三教之首。此外，文化修养方面佛教丰富了中国文学家的语言、想象力，成为唐诗宋词，特别是明清小说的主要思想内容之一。佛教的造像艺术催生了敦煌、云岗、龙门等伟大艺术遗产，观音菩萨、阿弥陀佛都融入了寻常百姓的民俗风情。文化方面的影响对于社会大众而言更为全面，影响不可低估。

再次，由于中国特色的佛教的形成，尤其突出的表现是以玄奘为代表的在佛教义理上的杰出成就，赢得了其他印度宗教的共同尊敬。同时，作为中国佛教代表的天台教义、禅宗机锋、道宣的名声等，思想理论和高度已经远高于印度佛学，所以又反过来相继传入印度本土，被他们信奉。比如，现在印度新德里和加尔各答佛教信徒家里面，居然可以看到中国大肚子弥勒佛的供奉。弥勒本来是印度菩萨，传入中国以后逐渐演变成为大肚子弥勒，又传入了印度，现在成为中国化的典型，说明了中国人的智慧和文化影响力。

随着中国佛教的日益壮大，隋唐时期传入了朝鲜半岛和日本，同样在哲学、社会和思想文化等方面产生了重要的作用。

中国从古代的丝绸之路到“一带一路”倡议（埃及开罗大学校长顾问、教授　李哈布）

跨越了2 000多年的丝绸之路，自古以来一直在促进着人类的商品流通和文化传播，其影响力是具有全球性的。中国国家主席习近平于2013年宣布了“一带一路”倡议，这是新时期古丝绸之路的重生，也符合中国近期经济和政治地位的新愿景。

首先，“一带一路”倡议给中国及其参与国带来的经济和政治优势。该倡议是一项雄心勃勃的基础设施建设计划，旨在将中国欠发达的边境地区与邻国联系起来。通过这一举措中国可加强与亚欧非各国之间的经贸联系，包括建设铁路、石油和天然气管道、电力线、互联网和海上基础设施网络。

其次，“一带一路”倡议在参与国落地也面临机遇和挑战。在欧洲、亚洲和中东地区，面对不同国家和有关各方不同利益，这项倡议面临的主要挑战有：第一是资金挑战，第二是能源挑战，第三是与非洲国家的贸易挑战。中国将中东和北非国家视为中国在该地区贸易的主要动力源，与海湾合作委员会GCC以及中东、北非MEMA国家的合作，主要集中在基础设施的发展上，如石油和天然气供应、炼油厂、管道和运输渠道，及相关的所有配套基础设施。

“一带一路”倡议旨在发展中东地区，实现阿拉伯世界的内部稳定，促进中国与阿拉伯国家之间的文化交流，从而加强友好关系和深化中阿战略合作。

“一带一路”倡议最可实现的目标是增加中国的制造业和基础设施建设能力，并将使丝绸之路上的国家受益。但是中国的邻国是否愿意接纳中国的倡议，中国与一些加入该倡议的国家之间是否能够政治互信，以及某些国家的不稳定和安全威胁，存在着不确定性和挑战，这是实现该倡议目标的主要障碍。

本土接引与中西比较：明清之际的西学流播中国的启示（华东师范大学哲学系教授　陈卫平）

明清之际西方的文化主要是两大部分，一部分是天主教的教义，还有一部分就是当时的西方科学技术。天主教来到中国，并不是从明清之际开始的，最早始于唐代但并没有对中国真正产生影响。明清之际之所以对中国人开始产生影响，主要是因为明清之际中国有两股思潮，一股是王阳明的思潮；一股是实学，强调经世致用，致力于解决国计民生的实际问题。这两股思潮对于西方的思想起到了接引作用，或者跟西方思想产生了某种共鸣。首先王学的解禁打破程朱理学的思想垄断，为西学传播营造了文化氛围。另外王学注重伦理学的自愿原则，为接受天主教教义提供了思想桥梁。从伦理学角度来说，天主教涉及伦理道德问题，强调抑制自由的传统；而王学则强调个人的道德行为应该由自身良知加以主宰，这和天主教教义是相吻合的。此外，明清实学是第一个把西方科技知识看成一种实用的知识，并和经史致用相联系的。再者，明清实学和天主教有共鸣的地方，都强调对于学问的研究要用实证的方法，都是从方法论和价值观强调国计民生是价值观的问题。

西学流播必然引发中西文化比较。在明清之际存在三个方面的矛盾运动：认识两者同异所蕴含的时代性和民族性矛盾；评价两者优劣所蕴含的工具价值和内在价值的矛盾；结合中西所蕴含的“中国化”和不“失真”的矛盾。徐光启给出的办法叫汇通和超生，即把两种思想融会起来，但是融会起来并不是为了一方屈从另一方思想，而是要使得双方的思想能够更好地向前发展。

努力创造光耀时代、光耀世界的中华文化（中共四川省委省直机关党校教授　刘彦武）

习近平总书记在改革开放40周年纪念大会上指出，在前进的道路上，我们要"努力创造光耀时代、光耀世界的中华文化"。能否创造光耀时代、光耀世界的中华文化,取决于我们对当今中国所处历史方位的认知程度,取决于我们是否具备国际化的眼光和世界大国的气度。

中国已经来到了当今世界的舞台,怎样建立文化强国来支撑现代化强国,十九大报告里面提供了思考的方式,到2035年基本实现现代化,社会文明程度达到了新的高度,国家的文化软实力显著增强。我们现在处在什么样的时代?或者我们创造的光耀时代、光耀世界的中华文化是什么样的描绘?我们现在是怎样的世界?怎样建设世界?这也是重要的认识。当今世界和平与发展成为时代主题,同时很多带有全球共同性的问题,也成为人类共同面临的挑战。唯有为天下为己任的情怀,以大国责任意识,站在人类历史进程的角度尊重世界文明的多样性,以文明的交流超越文明的隔阂,以文明互鉴超越文明冲突,以文明共存超越文明优越,才能创造出我们光耀时代、光耀世界的中华文化。

要创造光耀时代、光耀世界的中华文化,必须处理好文化的民族性与世界性的关系、文化的历史性与现实性的关系、文化的继承性与原创性的关系。文化的民族性是个性,个性是存在于共性当中,在一定条件下共性也会变成个性。文化尊崇的是多样性,正如"一花独放不是春,百花齐放春满园"。此外,文化是历史的积淀,文化又是现实的,创造光耀时代、光耀世界的中华文化,必须立足于中国当代现实,在现实中发现问题、解决问题,而解决问题的成果可以融入文艺著作、文学作品当中,也或者可以是一种思想、理论。文化的继承性和原创性本就应当是对立统一的,没有继承的文化是无源之水、无本之木,没有创新继承也是一潭死水。

努力创造光耀时代、光耀世界的中华文化,必须夯实文化发展的基础。一是孕育一大批文化大师和理论大家;二是构筑一座座文化高峰;三是打造世界文化高地;四是举办国际文化交流盛会。怎样来创造光耀时代、光耀世界的中华文化?第一点做好自己的事情,就是练内功、积蓄能量。第二点打好的世界平台,比如说世界中国学论坛,最好能进入西方主流媒体,否则效果就不好。第三点是用好的文化技巧和方式讲中国故事。我们要用西方熟悉的表达方式来讲中国故事,否则别人听不懂,或者是误解、曲解。

组织文化中的领导力、灵活性和非正式治理机制：中国经验的教训和潜在贡献（哥伦比亚哈韦里安纳主教大学讲师　卡米楼·德菲利普）

我来自拉丁美洲，我感兴趣的是如何汲取中国的经验。说到向中国学习还是很复杂的，因为需要有更多概念层面上的梳理，帮我们理解中国作为文明大国如何提供给世界的解决方案。习近平主席也一再提到中国贡献、中国智慧的解决方案，所以我非常有兴趣进一步探讨这个话题，看看新的机制的解决方式。

组织文化中的领导力、灵活性和非正式治理机制，作为衡量社会经济发展的组织标准具有独特的价值。我们需要理解中国历史、文化形成的机制，把文化、哲学和历史的经验放到机制当中，考察中国文明的延续性及独特的本土的概念。中国的发展有自身的特点，有自身的机制在起作用。

根据过去 70 年中国在地方非正式治理方面的经验，我认为重新考虑领导力、灵活性和非正式性治理机制是很有必要的。对于当地的群体或者当地人来说，有一种文化层面上的来源、根源也很好。所以非正式治理机制也是平等发展的重要来源。在中国，当地的经验在国家层级、地方层级都有应用，而且涉及不同的人，实际上这是和而不同。另外，在人际层面，有关组织和领导力也是非常有用的因素。为此，我建议国家必须在民间组织和政府组织内促进社区建设，构建良好的领导力价值观。

最后，我们必须要理解组织的文化在中国和西方之间存在着一定差异。如果我们看一下中国的领导特色，儒学的背景提供了非常重要的支撑。拉美和中国进行沟通的时候，我们需要尽量地体会中国的做法。中国的传统文化加上它的体制，包括制度安排，在未来还是会继续发挥重要的作用。中国对于世界的中国智慧、中国方案，一定会包含中国的文化和制度方面的特色。应该要充分发挥中国文化的特长，把特长通过“一带一路”传到其他地方。但是，因为根本的文化和制度方面的差异，在拉丁美洲不可能照搬照学中国的做法。中国的做法在中国非常有效，可是在拉美的土壤上未必能很好地实行。中国的一些制度、政策、战略和倡议，在文化上可能对于拉美有水土不服的问题。在后殖民主义时代，我们真的要获得独立，真的要获得经济发展，需要真正跳出文化的框架来学习中国、来了解中国。

第四圆桌议题：中国的发展与构造人类命运共同体

中国70年对外关系的实践探索和理论建设（上海国际问题研究院学术委员会主任　杨洁勉）

中国一直在不断地尝试来提升我们自身的理论意识，并且希望达成实践与理论的平衡。在过去的70年，中国的五代领导人都不断地去做出努力，希望能够提升我们的概念与理论上的实际水平。首先，毛泽东发起了三大世界理论，并且提出了一个战略三角，就是美国、中国与苏联之间的一个金三角战略。当时有戴高乐、尼克松、毛泽东他们都共同认可这样的一个金三角，然后是邓小平提出了中国特色社会主义，这个加深并且拓展了改革开放。江泽民是高度重视与时俱进，并且能够利用战略机会在20世纪与21世纪转折的时期利用好战略机会。胡锦涛强调的是合作，也就是国内与国际事务的合作。在全球化的时代尤其需要合作，同时也需要和平发展的路径。

展望未来，我们会有更加艰巨的任务，但是这些都是值得的。现在世界正在见证巨大的改变，在30年的时间之内我们将会有新中国成立100周年的纪念，我希望能够像基辛格一样长寿，将来可以参加新中国成立100周年的纪念。

人类现在正处在一个转折点，就需要把我们所有的知识能够综合在一块来应对我们当前的挑战，并且以一种更加深入的思考来为我们的未来做一个设计。中国人的哲学体现在围棋当中，中国人应该能够从中国哲学里面总结出更多的智慧，而且能够从世界各个哲学流派中借鉴到更多的东西。

不再低调：习近平领导下的中国外交政策（德国国际与安全事务研究所高级研究员 华玉洁）

我们看到中国在不断地谈复兴战略，谈人类命运共同体。我们也看到中国没有光说不练，同时也做出了许多的努力。我们经常谈到中国模式，中国的学者拒绝说有一个中国模式的存在。现在学者们也在谈中国智慧，以及中国解决问题的方式，或者讨论中国风。这里所说的中国解决方案也就是我所说的中国风，通过中国式的方式来寻找解决方案。所有的这一切最后带来了“一带一路”，我们相信这个是非常重要的一项证明，证明的是中国的实力。因为“一带一路”有了非常长足的发展，不仅仅是在发展中国家，同时在一些发达的工业大国，也有许多的发展。因此它有可能是一个最成功的公共的外交战略。

至于国际上的回应，我们看到印度等很多的国家都对中国提出的发展战略持正面的态度，对“一带一路”国际社会有许多的好评，包括在欧洲也有非常积极的回应。这可能是由于“一带一路”的理念仍旧是比较模糊的，因此每个人都有自己的解读方式。但是这样一个模糊性既是优点也是缺点，我觉得中国已经创造了许多期待，不同的人有不同的期待，不仅仅有政府同时还有企业，还有人民，还有一些合作国都有相应的期待。他们想要知道这里面对他们有什么样的利益，因此在合作的时候，要去告诉他们，他们如何能实现这些期待。我来自德国，我觉得在中国的这个倡议与我们是更加相关的，因为它唤醒了我们去进一步思考与中国之间的竞争。

中国国际地位动态研究（2008—2018）（同济大学政治与国际关系学院院长、特聘教授 门洪华）

以2008年金融危机爆发为标志，全球发展的不确定性进一步增加，新的大国兴衰引起了大家的热烈讨论。在这个讨论过程当中关于中国国际地位的讨论是一个核心问题，有人提出“中国全面超越论”，认为中国将成为新的世界领导国。习近平主席在十九大报告里指出中国国际地位实现了前所未有的提升，但是世界最大发展中国家的国际地位没有改变。我想在这两种观点之间还有很多不同的观点。对中国国际地位的讨论以及中国未来走向的讨论实际上是一个非常关键和重要的问题，以下我想从三个方面谈一下我自己的这种看法。第一个是2008年以来中国国际地位的提升，第二个是国际比较和我们现在的定位，最后简单谈谈我们未来提升国际地位的路径。

首先，衡量国际地位，我个人觉得应该是有国家战略资源和国际领导力两个部分组成。如果我们把这两种因素进行量化分析，可以进行比较好的国际比较。改革开放以来中国的国际地位一直处在上升的阶段之中，进入21世纪，中国的国际地位的提升是非常迅速的，尤其是2008年金融危机使得中国的国际地位更加突出。

其次，从国际比较和中国地位的角度上来谈。2008年世界秩序确实发生了很大的转型，习近平主席在2008年提出百年大变局这样一个判断。美国短期之内不会失去超级大国的地位，但受到了很多冲击。2008年到现在，美国国际地位的指标继续维持着全球第一的水平，但中国很多方面在加速接近美国，这也是一个事实。我们对另外的两个近邻国家日本和印度的优势也在扩大。

最后，说说中国国际地位进一步提升的举措。第一个方面，深化改革开放，弥补观念的短板，丰富战略资源积累，加强对外开放和提升国际投资市场影响力的结合。第二个方面，坚持和平发展，对中国来讲和平发展是既定的道路选择，同时也可能是唯一的道路选择，避免大国零和博弈。第三个方面，推动多边合作引领全球和地区发展的议程，在这方面中国要发挥更加积极主动的作用，提升国际公共物品的供给能力，尤其是通过“一带一路”扩展国际影响力。在这个过程中以发展为导向的国际合作，将是中国所选择路径的总抓手。

中国周边区域关系与秩序构建（中国社会科学院研究员、山东大学特聘教授　张蕴岭）

近代中国衰落、新中国成立之后就是重建关系，中国有一个重建关系的问题。我们看“新周边观”，就是和“旧周边观”不一样的，华夷秩序、天朝礼制我叫作旧的周边观，新周边观就是不一样的。不管怎么样，中国有自己的传统思想文化基础，坚持本源与内在价值的基本原则和处理方式没有变。新中国建立以后，第一个新周边观是体现在和平共处五项原则。和平共处五项原则有两个特点，第一个特点我叫中国改变了老大概念，提倡的国家一律平等。第二个特点是接受了联合国的一些国家定位和国际关系的一些基本准则，虽然当时还不是联合国成员。

新周边观坚持协商、谈判、和平解决分歧和争端的基本原则，这个对大国来说也不容易。中国提出来通过友好协商妥协和互认划定边界，对于一时不能解决的争端提出来搁置争议，合作开发资源。同时积极参与和推动区域合作，我们参与亚太经合组织（APEC），推动成立上海合作组织，参加了亚信合作会议、东盟地区论坛，积极推动与东盟构建自贸区，还参加了区域全面经济伙伴协定谈判，等等。我们形成了周边双轨机制关系，一个是双边，另外一个是次区域性的。当大事发生的时候次区域就出来了，特别是凸显的南海争端。

习近平新时代加强中国外交优势的政策建议（韩国外国语大学全球安全合作中心主任　黄载皓）

美国所说的印太战略是为了应对中国的崛起。中国外交过去70年以发展与安保为两大重心，中国到目前仍重视人民的安全、经济安全、网络安全、政治安全、外部安全等国家利益的有机统一。中国希望保持战略定力、自信、耐心的同时，把战略主动权掌握在自己手中。中国国家主席习近平提出了新时代，可以理解为中国特色社会主义的新时代，也是奋斗者的时代。人类命运共同体和新型国际关系具有前瞻性，更有分享性。在此，我就中国外交的进一步发展提出几点建议：第一，开放全球合作，建立全球经济治理体系。作为合作开放的实践平台，中国可以发挥领导作用。第二，人类命运共同体是长远规划，也是口号，还要继续补充内容。我们必须超越意识形态和不同文明之间对立性的逻辑和格局，包容全人类。第三，中国常说站起来、富起来、强起来这个口号，可是以后是什么呢？这个是表述中国自身的地位和能力，应该更多地考虑中国的国际影响力，可以说要“合起来”等。第四，要从新型国际关系走向新兴国际关系，要实现天下共处共生等。第五，中国应将信任赤字、发展赤字等转变成顺差，应在治理、信任、和平、发展方面实现顺差，这样就赢得国际社会对中国的信任。

中国在中东变局中扮演的重要角色(上海社会科学院国家高端智库资深专家 潘 光)

变局主要是指 2001 年西方媒体提到的阿拉伯之春,其实我不同意这个提法,没有春天这么一说,但是我们确实看到了中东有变局。2001 年以来在这种变化变局当中,中国其实在中东扮演的角色应该是在提升,中国中东问题的地位也在提升。特别是“一带一路”之后,中国基本上和所有中东国家保持正常的外交关系。我们是以色列的好朋友,同时也是伊朗的好朋友,只有两个国家在交战过程当中我们召回了大使,利比亚和也门,和所有联合国承认的国家都有外交关系。在过去几天习主席也访问了中东不少的国家。

沙特阿拉伯仍然是中国石油进口的第一大国家。我们可以看到,如果是海运的天然气卡塔尔是中国最大的出口国。我们与中东有许多的商务合作,有许多共同的利益,有许多的投资,还有“一带一路”。所以我们必须要保护我们的公民,保护我们的公司,保护我们的学生。所以从 2002 年以来,我们就在历史上首次任命中东大使,现在我们的前驻法国大使做了驻中东大使。此外还有叙利亚特别代表,他也参与利比亚的一些问题的研究以及会议。现在美国从中退出了,我们现在跟欧洲、俄罗斯在进行合作,我们会不断地合作。在军事上面我们是有 1 000 个战士,他们主要来自医疗,以及来自工程的军队,现在也有一些战争的部队在南苏丹。我们还有一些反海盗的一些部队。另外我们战线也是需要供给,所以我们在吉布提有我们的供给基地,这个也是我们首个境外的供给基地,未来还需要更多这样的基地。美国有一百个这样的供给站,但是我们需要更多的供给站,这样才能够去满足我们的国际利益。现在美国已经意识到他们事实上在阿富汗必须要得到中国的帮助。

从安全与发展的关系看中国与中亚关系(日本早稻田大学现代中国研究所客座研究员 田中周)

新型亚洲安全观是习主席所提出的,习主席强调说对于亚洲人民他们要能够享受安全，因此要保证新型的亚洲安全。同时他认为我们要通过可持续发展来保证亚洲安全。下面谈谈中国的反恐政策，我们可以看到在“9·11”之后，中国加强了反恐政策，提出了打击三股恶势力。这个是中国所发布的对于全球、对于反恐的一向倡议。

我不详细展开来谈中国反恐架构。2016年中国提出了网络安全法，用来加强安全管理。另外还有区域反恐架构，这个可以说是中国安全战略的奠基石。下面展开关于发展的一面。以新疆为例，它的社会经济因为有了西部大开发而得到了长足的发展。它有三个阶段，第一个就是西部发展战略，第二个是2010—2013年新一轮西部大开发战略，第三个是从2014年开始的三通道三基地以及五大中心的战略。在大的框架里边，新疆被看成丝绸之路经济带的纽带，这是中国与中亚之间的走廊，中国政府也希望能够进一步地去拓展中国与中亚地区的经济合作。因此，一个项目就是把新疆跟中亚的市场进行连接，通过丝绸之路经济带与中巴经济走廊进行连接。

第五圆桌议题：中国脱贫经验与解决全球贫困

中国社会整合的实践经验和功能作用(1949—2019)(中国社会科学院—上海市人民政府上海研究院第一副院长　李友梅)

今年是新中国成立70周年，是全面建成小康社会的决胜之年，也是打赢脱贫攻坚战最关键的一年，明年我们就是要全面进入小康社会，但是这个小康社会我们一定要有思想准备，是不同水平的小康社会。按照全国标准，上海发达地区早已经进入小康社会了。所以上海这个发达地区率先要考虑进入小康社会以后的社会治理问题。在十八大的时候，甚至在之前，习近平同志就对上海说了要根据中国特大城市的社会主义现代化建设，走出一条自己独特的社会治理道路。现在把中国特色社会主义的示范区放在了深圳，对上海有点压力，然后我就说上海有上海自己的任务。深圳是私有经济比较发达条件下的中国特色社会主义，上海是国有经济比较发达条件下的中国特色社会主义。所以我觉得党和国家是一定有布局的，是有战略谋划的。

我们国家现在社会主要矛盾是人民日益增长的美好生活需要与不平衡、不发展之间的矛盾，所以结构性的供给侧的要不断跟进，跟不上，你的政策改革、制度改革，包括制度机构的改革就都跟不上人民生活需求变化。

中国特色的减贫事业(上海社会科学院社会学研究所研究员　周建明)

中国是一个发展中大国，有两个特点非常大，一个是人口多，面积大，而且国情的差异非常大。第二个是城乡差距和地区差距拉得非常大，所以我们还有非常大的一个贫困人口基数。

贫困发生率从2012年的10.2%降到现在的1.7%，因为贫困标准不一样。我们根据2011年确定的贫困县来看的，我们国家的脱贫攻坚的过程是一两千万干部轮流下乡的过程，农村基层的治理能力、管理水平、干部作风、群众概念得到了非常大的改善。我们国家是唯一实现在高速增长、快速发展过程中同时大规模减贫的国家，从这个意义来说，我们对于世界上减贫事业作出了巨大的贡献。

我们能够减贫成功的原因，一个是我们的制度，还有一个是我们的体制，就是中央的集中领导和部门、地方分层负责的体制。还有一个很重要的原因，是我们的快速工业化和能够保持比较稳定的宏观经济的发展，这个是能够集中这么多的资源在这么短的时间内取得重要成就的原因。另外，十八大以后对于扶贫工作的问题有了及时的监督、检查、整改的机制，使得脱贫攻坚工作完成很顺利。

现在我们到了脱贫攻坚最后的时刻，也在开始谋划2020年之后我们到底怎么样办，怎么样巩固脱贫的成果，弥补短板，解决相对贫困问题，同时向乡村振兴、向教育强国、向健康中国、向区域的均衡发展这些战略过渡。应该讲这是个非常重要的节点，这个节点也使我们能够在2020年以后上一个很大的台阶，向2035年的目标奋斗。

中国精确扶贫过程中的流动性困境及其治理反思（华东师范大学社会发展学院院长、教授　文　军）

中国卓有成效的减贫从某个方面来讲彰显了制度的优势，也为世界的减贫事业贡献了工作方案，我们总结中国减贫事业的扶贫经验是有十分重要的意义。但我们从学术研究的角度，对当前中国精准扶贫的政策进行一些反思，理性地面对这些困境，我觉得同样也是有意义的。我们不仅要宣传、介绍中国的扶贫经验，也可以去反思一些问题。

我们在探讨精准扶贫当前政策的时候，可能对贫困本身的关注还不是特别多，尤其是从制度的层面。贫困本身是社会事实，但是这种社会事实是一种流动性的，是变动的。这是我要研究分析的一个概念，怎么关注作为社会事实的贫困,流动性会带来一些什么样的困惑。

从动态流动的角度研究贫困的流动性,以及当前精准治理的相互之间的作用机制是可以作为下一步研究的突破口,或者分析的架构。在这里面会存在矛盾,至少有几个张力,就是贫困的流动性跟贫困治理之间会有几个张力的存在。比如说我们的政策,从贫困到贫困治理的政策,政策怎么来把握,这也是我们要考虑的。

从我们理论分析的角度来讲,现代社会都建立在不确定性上,这么多不确定,要想达到精准是非常有难度的。我们的制度、结构都建立在"流沙之上"是不稳定的,我们要用一个稳定性的制度、标准衡量它、看它,这个是非常艰难的。所以贫困的流动性使贫困不再局限于某一个固定的时空中,要关注到它的内涵和外延的变化,这就给我们下一步贫困的治理带来一些思考。从治理的角度我们要考虑政策的包容性、灵活性,手段的灵活性,导向的过程性,还有治理过程的时效性。

新中国 70 年的减贫成就:回顾与前瞻(中国人民大学社会与人口学院教授　杨菊华)

贫困是一个世界性的议题,而反贫困又是一个全球性的任务。在过去的 70 年,扶贫一直是中国共产党为了尽快改变农村的落后面貌、实现共同富裕的一项长期的重大的政策。在这样的一种政策引领下,逐渐形成了贫困治理的中国道路、中国方案和中国的经验,这样的一些经验不仅仅是让中国 7 亿多人口摆脱了贫困,而且也给全球的贫困治理树立了一个标杆。

中国的减贫对全球的减贫也是贡献非常巨大的,比如说在 1981—2015 年,全球贫困人口减少了 11.7 亿人,贫困人口的占比降低了 61.53%,同一个时期中国是降低了 98.86%,对全球的贡献率几乎达到了四分之三,也就是说每 4 个脱贫人口中有 3 个是中国人。中国的贡献对联合国完成 2015 年前减贫的目标,对于到 2030 年可持续的发展,贡献也都是不言而喻的。

70 年中国采取了相互关联却各具特色的减贫政策,这些政策是彼此交叠、前后相继,形成了中国特色的减贫道路。前 30 年整个的扶贫减贫规模是小规模的,大部分的减贫心有余力不足,那时候从经济的角度来看,依然存在规模庞大的赤贫人口，农村地区贫困样貌没有根本的改变。后40年不用说了，有心有力，标准也提高了。

到了明年不是没有贫困了，我想贫困的研究，就像前面文老师提到的，要从更有流动性的、更有多元性的角度来看。

改革开放40年中国特色的贫困治理模式探索(1978—2018)

（上海社会科学院城市与人口发展研究所副所长、研究员　周海旺）

过去十几年中我跑遍了全国很多地区，如西藏、云南、新疆、青海，对我们国家过去十几年中扶贫工作的进展情况，有很多实际的感受，我们的成就非常巨大。

中国的减贫事业，我认为首先是政府主导的，中央政府到省级政府，都是非常重视这项工作。第二是渐进式，不同阶段提出阶段性目标，不断持续推进这项工作。第三引导社会力量参与，还有开发式扶贫，扶贫工作与改善当地的生产、生活条件结合起来，与发展当地的产业结合起来。比如新疆很有优势的水果、农产品，加工以后运到上海的市场销售。此外还有区域协作、对口支援。最关键是宏观经济，整个国家是在持续平稳地发展，也为脱贫创造了非常好的外部环境条件。

我们现在也面临很多的挑战，我们现在有些地方是解决了贫困问题，很多县退出了贫困县的行列，政策一变化，很可能马上又会返贫。西南云贵地区，地震、泥石流、自然灾害很多，很有可能因为自然灾害有些地方出现返贫的现象，而且贫富差距加大，隐形贫困增加。贫困群体的识别也出现越来越多的困难，有媒体报道，有的人在城里买房开宝马车还在享受贫困救助。当然还有政策的实施过程中不透明性、随意性。

针对这些问题我们有些简单的建议，首先，科学制定低保标准和阶段性的脱贫目标，扶贫工作要长期坚持下去。第二，开发贫困地区特色产业，实现跨地区的劳务协作。第三，构建多维的社会安全网络，不只靠政府，整个社会的扶贫体系要建立起来。第四，鼓励第三方参与。第五，加强贫困地区人口的职业培训和教育。第六，科技扶贫，打破数据孤岛。

理解改革开放以来中国的教育发展:宏观趋势与微观机制

（南京大学社会学院副院长、教授　吴愈晓）

为什么我们要做教育扶贫?其实我讲教育扶贫的内容不多,我更多的是讲我们为什么要提出教育扶贫,为什么这个很重要。首先我想来给大家介绍一下,改革开放以来教育的发展,才有扶贫的举措。

九年义务教育全覆盖,高中、高等教育的快速发展,一个结果就是全民受教育程度显著提升。我们也有提法,我们现在从人口大国向人力资源大国转变。

教育发展取得很大成就,但是不平等的机制也在强化,所以宏观和微观因素相互加强,进入不良的循环。教育有可能成为扩大不平等和妨碍社会流动的机制,教育会越激烈。教育扶贫非常重要,习总书记多次提到教育扶贫的重要性,他非常强调这句话,叫"阻断贫穷的代际传递",这是习总书记多次提到的。

十九大报告和两会报告,把教育精准扶贫写入报告里面。教育扶贫,现在我们讲资源向弱者倾斜,我觉得不单单是简单的扶助和资源倾斜的问题,因为推进教育公平需要考虑干预可能扩大教育机会不平等的结构和制度因素,因为社会不平等会导致社会流动焦虑,高度分化的教育系统会导致大家对教育的竞争,所以我们要弱化教育系统内部高度的层级化体系,加强教育的城乡和阶层融合,最终缓解微观层次上个体或家庭之间激烈的教育竞争。

新视野下的俄中联合研究（俄罗斯圣彼得堡国立财经大学统计与经济学系主任、教授　伊莉娜・爱丽舍娃）

中俄都处在现代化的一个阶段当中,也就是说对于个人的素质、技能已经在教育中提出了新的要求,我们也看到越来越多的独立性也发生在两国的社会发展当中。相较之前的社会历史阶段,独立性更强,有更多的个人行为,包括个人主义的兴起。

关于俄罗斯的贫困线情况,可以根据消费者的最低消费,或者说最低生活必需品的情况,来做这样的贫困线的划分。在俄罗斯有2 000万人口在贫困线下生活，等于是13.3%的人口。另外和年龄组也是相关的，俄罗斯贫困发生的高危因素有哪些呢？下面列出了一些，包括失业，工资减少，健康状态的恶化，还有贷款利息的支付。因为我们知道俄罗斯人的负债率比较高，这样的话就很难打破恶性循环，因为你得付利息，付了利息你就没有钱再做其他的事情，陷入一个恶性循环。

我们看到最大的差异，在两国之间可能还是预期寿命。各位可以看到，在俄罗斯男性和女性的预期寿命相差真的是非常大，也就是说男性、女性预期寿命差十年。而在中国，男性、女性的差异大概三年不到，这样的差异是比较正常化的，这也是根据大自然的规律。

再看到行为因素方面。我们刚才讲到男性为什么预期寿命比较低，可能比较重要的因素就是酒精的摄入。酒精对于男性来说量的摄入会更高一些，传统上来说就是如此。如果把中俄两国做对比，其实不管是男性还是女性，俄罗斯人的酒精摄入量都是高的。

"捕诉一体"与中国刑事检察权运行改革研究（华东政法大学党委副书记、校长 叶 青）

"捕诉一体"给中国现在检察权运行带来了很多新的课题，既对检察实务界传统的批捕权和起诉权运行带来挑战，也对我们检察理论带来很多挑战。因此，这是深化检察权体制改革的一个非常热的话题，或者讲是一个议题，这是我想讲的第一点。第二点来讲，这个问题的本身不是因为我们国家现行刑事诉讼法所带来的立法的问题，我们刑事诉讼法现行的是2018年版本，去年10月份刚刚进行了第三次修改。批捕权和审查起诉权在整个审判前程序是分两个不同的阶段递次进行运转的。现在这个问题的提出实际上是我们新一轮检察权运行司法体制改革所带来的一个问题，所以我讲它是一个实践性非常强的一个对立法，对理论有很大冲击，值得我们去关注和研究。

原来是捕和诉分开，现在捕诉一体，简单讲，我们现在有一个基本的定义，或者有一个概念，也就是指审查逮捕、审查起诉，这样两个原来由不同的检察院内部，也就是内设机构行使的权力，现在合并成由检察机关内同一个部门里的同一个检察官，他去负责实施。这样的一种检察权运行的模式就是捕诉一体。

“捕诉一体”从最高检察院现在改革的方案推行来讲，它实际上有四个含义，一个是要求坚持检察官的客观公正立场。检察官要坚持客观公正立场行使他的指控权。实现国家刑法权的最高实现，这一条是世界各国通行的原则。二是对检察官来讲要发挥在审前程序的主导责任，机关叫主导作用，具体的检察官因为和司法责任制相挂钩，所以起主导责任。三是要强化检察机关监督的责任，或者讲是强化检察监督责任的发挥。四是丰富检查一体的内涵，这里非常重要的，因为我们现在还有检察院的组织法。检察院的组织法规定上下级检察机关是按照垂直领导的关系，就下级检察院必须服从上级检察院的领导。在检察院上下级之间有一体化，内部也有一体化的问题，检察长负责制。案件在捕诉一体的概念下强调一个部门对一个案件进行负责，强调一个检察官对批捕和起诉全部负责。这个涉及检察院内设机构重大改革。

中国重拳打击洗钱和恐怖主义融资（匈牙利佩奇大学刑法系主任、教授　盖尔·伊斯特万·拉斯洛）

我们知道恐怖主义也需要金融资源来实施他们的恐怖袭击，在欧洲和在中国都是如此。如果他们没有足够的资金，他们就会从外部获得这样的资金。所以，我们可以来定义一下：恐怖主义的融资就是为执行恐怖袭击而直接或间接提供财务手段的活动。其中重要的一点，恐怖主义不会需要太大的资金，他们的成本主要有三个要素，一个是运行成本，一个是行政成本，还有对爆炸分子家庭成员的资助。

根据美国的估计，基地组织将大于10％的收入用于运营成本，90％用于管理和其他的功能性的用途。其实还有一种用途，向自杀式炸弹袭击者的家属提供财政捐助，比如说Hamas给价是5 000美元；比如说萨达姆，他当时还在的时候，针对美军做自杀式袭击的话，家属可获得2.5万美元的补偿。

金融中介系统可能也会有额外的费用。为什么会这样呢？因为要有更多的人去做调查，包括做防范的用资，包括军事方面防范的用资，这都是额外的成本。具体的融资来源技术分为犯罪、捐赠、商业活动三类。

在犯罪方面，这是恐怖分子比较青睐的，因为可以在短时间内来很多钱，如和毒品有关的犯罪、绑架，包括走私，人贩子等。捐赠，恐怖分子可以得到个别组织和个别国家的支持。对我们来说,最大的问题是一个国家为恐怖团队去做这样的一个资助,这很危险。

商业活动会起到更重要的融资作用,比如说本拉登 1995 年的时候在苏丹成立了二三十家公司,这个人很会做生意,但是他的生意所赚的钱都用在了恐怖活动上面。匈牙利对恐怖主义融资方面一些非常严厉的条款,2012 年还新修订了《刑法》,这个《刑法》在整个欧盟内部都是最严格的。大家可以看到匈牙利的《刑法》可能趋近于中国的《刑法》,唯一的区别是我们国家没有死刑。

中国式法律议论与相互承认的原理(上海交通大学法学院院长、讲席教授　季卫东)

在谈法治的时候,我们注意到近些年来特别强调的一个命题是要把公平正义落实到司法过程中去、具体的个案处理当中。个案处理实现公正、实现法治的理想主要是靠两个因素,一个是公正的程序,另外一个是法律推理、法律解释、法律议论,通过沟通达成共识。关于程序已经讲了很多了,近些年来我比较关注的是法律解释和法律议论问题,今天我主要讲这个方面的内容。我们讨论这个问题主要是因为中国在司法改革过程中取得了很多的成就,但是法律解释、法律议论始终是一个薄弱环节,而且近些年来我们把大数据、人工智能用于司法改革的时候,发现原来有的庭审辩论这个环节可能会进一步被削弱。当然,我们也知道人工智能也试图把法律的推理过程通过逻辑法学的媒介变成人工智能的一个重要环节。

第二点,我想谈在中国传统的社会环境中法律解释最主要的特点。中国社会的基本特征是什么呢?是人际关系网络非常强,它导致在法律审判过程中有什么样的特点呢?是互相之间的当事人与当事人之间的互动,通过互动达成具体的妥协,这一个对于中国的秩序形成具有重要的意义,它表现为调解,也表现为人们之间的默契,通过默契妥协、私了等方式解决问题。在关系社会中由于这样一个特点,我们会发现法律的议论是非常有显著特征的。

当你要把具体的事情全部纳入议论的范围的时候,就可能变成没有终结的语言游戏,这个时候会导致法律秩序碎片化,因为每个人都有自己心目中法律应该有的样子。这个碎片化导致的结果就是信访不断在中国存在。要通过国家权力终止这样的议论,这个时候法律解释有两种基本方式,叫超当事人主义和超职权主义,这是过去我们看到的传统特点。

求同存异:WTO 改革方案评析与中国对策建议(华东政法大学教授 贺小勇)

当前 WTO 遇到了很大的困境,我们都知道 WTO 的前身是关贸总协定,是人们从第二次世界大战教训当中认识的贸易的争端能够引发战争。这是因为第二次世界大战之前,每一个国家都拥有至高无上的经济主权,不受任何的约束,不受约束的经济主权在经济发生危机的时候,就很容易产生贸易争端。贸易争端没办法解决,只能通过枪炮来解决。WTO 前身与 WTO 是唯一协调各个国家贸易政策规则的平台。

运行了这么长时间,突然在最近一两年时间中,WTO 面临了前所未有的挑战。危机是什么?第一是谈判功能基本丧失。从 2001 年开始,WTO 试图回应 21 世纪经济全球化的需求,但是开展的多哈回合的谈判,一直没有结果,所以谈判功能基本丧失。第二是 WTO 争端解决机制年底面临停摆,WTO 规则跟不上形势的变化,依靠 WTO 的法院通过案例的解释,不断使得 WTO 比较陈旧的法律规则适应新的变化。

各个国家提出的 WTO 改革的方案,主要是哪些问题呢?第一个是对 WTO 重要性的认识是大同小异,就是大家都认为 WTO 的平台还非常重要的。第二是对 WTO 改革程度的认识是小同大异。从美国、欧盟的角度来看是要大改。第三个从主要内容来看,改革内容很多,包括中美贸易问题、机构成员的遴选和任命问题、非市场经济问题、数字贸易规则等。

中国的对策建议。第一,要坚持多边贸易体制基本的法律原则,我们要参与其中,不能被排除在外。第二,优先解决 WTO 机构成员遴选的问题。第三,中国政府要直面国际关切问题的谈判,比如国有企业问题、补贴问题、跨境数据流动的问题。以前跨境数据流动的问题是根红线不能碰,但这一次上海自贸试验区临港新片区六大措施中,其中第五大措施是关于跨境数据安全有序的流动,这是一个标志。第四,关于发展中国家的问题,我们提出来发展中国家问题也不能完全很僵化还是使用过去的标准,应该提出一些更加细化的标准。

中国处理劳资矛盾的法制建设及日本经验（日本山梨学院大学法学部教授 熊达云）

选择这个题目是我考虑到中国市场经济的深入发展，以及围绕企业经营的环境中不确定性的因素在日渐增加，尤其是中美贸易摩擦很可能持续很长的时间，所带来的影响是非常消极。估计在今后一段时间以内，国内将出现部分企业，特别是中小企业，因为外部环境的急剧变化，或者是因为经营不善而出现发不出工资，或者缩小经营规模，必须减少员工甚至破产的情况，从而引发从业人员与老板，就是资方之间的矛盾，影响社会的稳定。

我觉得日本在这方面建立了一套比较完善且具有操作性的应对机制和法律体系，我觉得中国要未雨绸缪。我们从高速增长转为高质增长，也许以后有低速发展出现，未雨绸缪，对中国的稳定发展会有更好的作用。

日本处理劳资纠纷的法制体系，法律层面有个“劳动三法”，在这基础上处理工会和资方矛盾的解决机制有个劳动委员会的制度，同时处理个别从业人员和资方之间的矛盾有一个纠纷调整委员会，这个纠纷调整委员会不能解决的问题就要打官司了，便有个劳动审判制度。

大家都知道，中国有一个《劳动法》，把所有的劳动关系都通过《劳动法》进行规范。日本的劳动法分为三部法律：《劳动基准法》《劳动组合法》《劳动关系调整法》，这就是“劳动三法”，其下面分六部的内容：工作条件标准的规范，保证和稳定就业的规范，促进从业人员福利的保障，关于劳动保险，调整劳动关系的法规，关于一般劳动关系的其他法律。这“劳动三法”不管国家公务员和地方公务员，那是另外一个渠道。

当工人跟资方发生矛盾的时候，一般由工会出面解决，工会和资方发生矛盾，通过劳动委员会解决。劳动委员会的性质是合议制的行政委员会，分中央和地方两块，因为是地方自治，地方分地方劳动委员会。劳动委员会的隶属关系，中央劳动委员会隶属于厚生劳动省，是国家行政机关的一部分，但是对于内阁有一定程度的独立性，又不完全归内阁管辖。它有准立法和准司法功能，它的裁决有约束力，像判决的感觉一样，这还是比较特殊的。

上海加强司法保障优化营商环境的理论与实践(上海社会科学院法学研究所副研究员　彭　辉)

好的营商环境可以有效维护交易的安全,可以促使企业自律,可以发挥政府的职能转变,降低企业维权的成本。从国际上来说,怎么样营造好的营商环境,有三拼:拼成本,拼各种优惠政策,拼政策稳定性、法制透明度。营商环境越来越成为时代的主流。

营商环境由谁来进行评估?我们看到现在影响最大的是来自世界银行的报告。世行于2003年开展了对100多个国家和地区的营商环境的评估,影响力非常深远。在改革领域,从2016—2018年,全球有2 500个营商环境的改革都有世行的报告,点出了短板和不足。俄罗斯在普京的带领下,从2016年的第62位提升到2018年的第35位。中国在全球的排名为第46位,跟2015年的第90位相比有很大的提升。

弘扬契约精神,保持上海"执行合同"的强项优势。我们执行合同在全球排名第6位,也是上海营商环境领域重要的优势。

拓展审判职能,推动金融纠纷多元化解机制。我们从立案、诉讼、服务、执行都向社会公开。包括我们的司法数据、信息化和智慧法院建设进入了新的阶段。我们积极延伸拓展司法职能,对接企业司法需求,主动提供司法服务。

近年来中国民事司法制度的发展(日本名古屋大学副教授　川岛隆宪)

最近的中国法有了很大的发展,我们日本研究者也有很强的兴趣。1997年以后中国和日本的法律专家之间的交流逐渐扩大,大力推动了法律方面的互相理解。另一方面进一步的对外开放使得中国的法律环境发生了改变,日本的中国法研究、中国的日本法研究已经走进了新时代,我们需要创造出新时代的研究对象和研究方法。

接下来我着重谈两点。第一,中国法和日本法通过在法律方面的技术合作,扩大了类似点或者共同点。2012年修订的民事诉讼法,当然有很多中国司法制度特色的规定，同时也有不少规定可以看出我们两国合作的影响。第二，中国民事诉讼法制度正在面对的问题，不但是中国一国的问题，也是日本等其他外国同样需面对的问题。中国 2012 年修订的民事诉讼法规范了公益诉讼，2015 年公布的最高人民法院关于适用民事诉讼法的解释，明确和统一了审办方式。在消费者保护方面和环境保护方面，先后制定了有关法律和有关司法解释，这些新制度下的经验对于外国来说值得分享和借鉴。

中国的制度和日本制度不是完全一样，但是用间接手段或者通过第三人的协助，确保履行债务的基本理念，我们可以看出相通点。中国最近先后建立了知识产权法院、互联网法院等专业法院，上海金融法院也是有代表性的专业法院，这些专业法院有利于强化司法保护，完善法制环境，提高司法质量。在日本，截至目前还没有在互联网上进行的诉讼程序。裁判程序的 IT 化是世界的潮流，中国的互联网法院经验，有可供借鉴之处。

第六圆桌议题：中国的生态文明建设与可持续发展

中欧循环经济政策与全球视角（英国伦敦大学教授　莱蒙德·布莱施威茨）

应对全球气候变化和环境保护，世界需要加快低碳经济转型，并要极大地改变对资源使用的方式。世界各国尤其是发达国家对资源的需求在不断上升，接下来50年时间里面甚至可能翻倍，因此经济系统亟须转型。中国现在正处于变革期，中国经济和其他的国家经济相比，特别是与那些发展水平相似的国家相比，在人均资源消耗方面高很多，几乎处于人均资源消耗最高的水平。由于中国对商品和资源的需求极大，影响了整个自然资源的运输路径，也对"一带一路"的发展乃至对国际贸易造成很大的影响。目前无论是中国经济还是世界经济，对自然资源的这种需求已经达到了一个峰值。联合国可持续发展目标(SDG)，是一个综合性的目标，一定会对我们的发展、生产造成极大的影响，因此要综合性地来看经济应该怎么样进行组织，怎么样运用自然资源。这就不得不引出循环经济(CE)的概念，这个概念既有国际层面，也有国内层面。

在世界不同地方循环经济政策有着各自演化的进程，这意味着在低碳经济方面还需要有更多的发展，也可能会对整个产业结构产生非常大的影响。

欧洲对循环经济的概念局限于较狭义的环境范围，更多地关注废弃物和资源以及商业机会。更多的衡量标准主要是看自然资源的利用，比如水泥、钢铁的消耗，还有二氧化碳的排放，以及看它们的权重，再如铝、铜等都是可以循环的。现在世界循环经济的发展其实大概在5%—6%的水平，所以还有很长的路要走。欧洲稍微好一点，也没有达到10%，实际上比预期要少很多。欧盟推出的一揽子计划，涉及很多的方式和方面，也有相应的监管框架，但还是需要欧盟所有的相关成员国共同合作才能够达到目标。

相比之下，中国对循环经济的看法是广义的（包括污染和其他问题以及废弃物和资源问题），并且被视为对环境挑战的解决之道。中国在循环经济方面也做出了很多的努力，已经有十年的历史了，现在有一个中国的概念叫作生态文明。在中国有一个多层次的合作的框架，很多的非政府组织、政府部门、研究部门都参与合作。具体操作中，在中国有不同的一些指标，这些指标在政策中的使用方式，更多地是要看绩效考核，要看是否能够达到目标。并且在中国有很多相关的法律也在进行推出，有的还是实验过程，然后在实验中学习更多，并以此来推动政策的实行和改善。

探究中欧政策活动重点和用于衡量进展的指标的相似点和不同点，可以看出两者在价值链（从设计、制造、消费到废弃物管理）中的规模、地点、不同优先事项的处理方面的差异。对循环经济而言，有一个推出全球战略的机会。在欧洲、日本，特别是在中国，已经有了学术研究方面的合作。接下来希望能有一个全球的信息库，能够在材料使用、产品、价格的信息上提供一个全球的平台，这样我们可以一起进行实验，然后各个实验的数据可以进行对比，可以取长补短。也能够借此号召全球范围之内更大型的循环经济实验，并在循环经济下加快推动国际共识。欧盟和中国应该是可以实现全球的这样一个创新的合作，在战略层面上推动循环经济的发展。

循环农产品系统面临的机遇和政策挑战（荷兰瓦格宁根大学农业经济与农村政策系教授　贾斯特斯·魏思乐）

循环经济是一个新兴的话题，却并非经济学领域内的一个新概念。18 世纪法国重农学派的创始人弗朗斯瓦·魁奈（Francois Quesnay）和重农学派的其他学者早就将这一概念引入经济学中，曾建立了循环经济这样一个模型，将经济活动当中的各种产物进行了循环化的处理，指出家庭为私营公司提供投入，公司向家庭提供用作投入的产出。当然现在对循环经济有很多不同的定义和理解，欧盟和欧盟各个成员国、非欧盟国家以及中国对循环经济都有各自的理解，彼此之间有很多的不同点，但也有共同点。

目前各国的政策都非常关注循环经济的确立，当然循环经济也遇到的一些挑战。从生物化学的角度来看,需要考虑物质守恒定律,这意味着物质既不能被创造也不能被破坏。比如在整个地球的封闭系统内,碳循环的过程当中有很多的微循环和碳的排放、吸收有关,所以必须承认碳应该是一个全球性污染物,碳排放所导致的问题并不仅仅是在排放地面临的,无论是中国的排放还是欧盟的排放,其实都对整个世界产生影响。

从经济的角度来说,有一些非常重要的政策是需要关注的,如创新可以帮助改善这种循环性。所以,循环经济要不断增长,研发和全球合作变得非常的重要。尽管循环经济不是一个新的概念,但是循环经济的建立需要每个人理念上的改变。循环经济意味着改变,意味着新的机会的产生,从政策的角度来说,无论是研发还是监管都是极其重要的。

用国际可持续发展研究的新成果和国际通用语言解读生态文明(同济大学可持续发展研究所教授 诸大建)

全世界都知道中国的生态文明,但是生态文明是一个政策语言,其理论基础需要探讨。比如,中国提出生态文明,经济增长不能超越红线,这个红线在传统的以新古典经济学为基础的理论里得不到解读,所以生态文明很需要理论上的深挖。然而,最近十年欧美学者在国际学术杂志上出现了一些新的概念,这些新概念是完全超越新古典经济学的,却无法在政策上得到落实(欧美国家很少从限制增长的角度去制定政策)。因此,生态文明需要讲中国故事,需要支撑国际上的理论探索,国际上的理论探索可以在中国的生态文明里面找到实证的支持。下面就国际上可持续发展最新的研究成果来探讨三个问题:

第一个问题,把自然资本跟其他的人力资本、物质资本一样纳入经济增长来。中国生态文明中的生态红线、资源上限、污染的底线,限制了中国污染的扩张。但在新古典经济学中不把自然资本放到生产函数变量里面,这是对传统理论的挑战。国际上最近几年来,瑞典一批学者提出行星边界的概念,并论证世界上九个自然生态的要素已经有四个被经济增长突破了,即是说经济增长不是无界限的。但国内经济学家对增长有界限问题仍然是反对的,所以这是中国一个非常尖锐的讨论问题,并且资源可替代性问题也越来越面临重要挑战。

第二个问题，把规模问题跟效率改进的速度对冲，才能实现物质消耗的零增长。世界上搞可持续发展、绿色发展有两种模型，发达国家是生态足迹已经超支，但是发达国家把生态足迹降下来的模式并不适用于发展中国家，所以发展中国家应该寻求另外的模式。中国需要控制经济增长速度，从原来两位数增长、高速增长变成中高速增长。并且中国仅仅提高循环经济的资源生产率是不够的，随着总体规模的扩张，物质总消耗仍旧会增加反弹。所以循环经济效率导向的研究是对的，但是还不够。中国要提高现代化的富裕水平，需要在规模和效率上研究探索自己的增长模式。

第三个问题，物质消耗跟环境治理受到发展模式的影响。如，经典的 $I=GDP\times T-I'$，发展模式里面有两个变量，一个是 T 的效率改进，即资源生产率、能源生产率、碳生产率的技术改进，另外一个是 GDP 总规模的控制。用传统的新古典经济学无法理解这样变化，这也是为什么中国仅仅提高循环经济的资源生产率是不够的。如果循环经济仅仅是提高资源生产率，随着总体规模的扩张，单位 GDP 的物质消耗乘上 GDP 的总量，两数相乘的结果，物质总消耗仍旧增加的，这就是著名的反弹效应。

因此，生态文明是个政策战略概念，学术界要发展新的经济、社会、政治治理的集成理论来回答这个问题，给循环经济、低碳经济提供更大的学理支撑。

匈牙利自然资源状况和可持续发展前景（匈牙利布达佩斯技术与经济大学环境经济系教授　塔马斯·帕尔沃吉）

匈牙利有很多自然资源，还有很多自然保护区域，达到整个国土面积的10%。匈牙利有一个国家级别的可持续发展的理事会，在政治结构中级别比较高。理事会的代表来自不同的政党，还有科技界、经济发展界及宗教界等。2008 年理事会推出了“匈牙利国家可持续发展框架战略”，每两年要推出一份有关匈牙利可持续发展的进展报告。下面就最新两年的报告，全面评估匈牙利可持续发展整体的进展情况，并概括介绍匈牙利自然资本主要构成要素的最新趋势和未来前景。

在资源消耗方面，比较突出的是，在匈牙利土地使用增长了 14%，有些地方城市土地使用情况是更糟糕的，甚至达到了 20%。原因是绿色土地逐渐转变成了新的工业区、物流区、产业区，并且土地使用的趋势呈现城市化区域的空间分布特点，主要是分布于匈牙利的中部。在物料或者材料的使用方面，匈牙利从2008年至今，在整个人均GDP的材料或者资源使用效率提高方面没有太大的进展，另外整个工业废弃物的总量基本上在经济发展过程当中保持了稳定，没有太大的增加。这意味着匈牙利在经济发展和工业废弃物产生之间出现了脱钩，这是一个比较好的趋势。在灌溉用水的使用上，每公顷的灌溉用水的需求没有发生太大的增长。有机肥料的使用在减少，化肥的使用在增加。尽管化学品的价格在不断上升，对于化肥的使用量却在不断上升。而有机农业、智能农业的量还不大，还处于弱势的地位，应该成为未来可持续发展的一个爆发点。

在环境承载力方面，匈牙利在水的承载力上处于偏糟糕的状态，尤其是在小的水域方面。匈牙利非常著名的大湖，由于治理，现在成为清洁的水体，没有问题，但是真正的问题是在比较小的水域，很多的河流、湖的水体污染情况比较严重。空气污染情况也同样不容乐观，10 PPM以下的颗粒物指标，在欧盟排名中匈牙利在倒数三分之一。如2017年有超过一百天的时间，空气当中的颗粒物的污染是超过限额。颗粒物排放的来源主要是家庭，如取暖器、煤炉等，另外还有城市交通、工业来源等。这一点和中国的情况有很大的相似性。气候变化上，匈牙利最近25年的热浪出现的频率在加大，平均温度超过25摄氏度的日子数增加了14天。同时降雨的分布也发生了很大的改变，匈牙利西部或者西南部变得非常的干燥，而中部情况可能有所改善。在人均GDP的温室气体排放方面表现还算不错，整个欧盟的情况都还算不错。

在可再生能源方面，匈牙利可再生能源的使用当中85%是来自生物质能，但可持续性不强。光伏的使用确实有长足的增长，在原来装机量占总发电量的3%基础上有大幅提高。在生物多样性上，生物多样性指数下滑之后稳定住了，这是好消息，但风险仍然是化肥和杀虫剂的使用。最大的风险是入侵物种对于本地本土物种的威胁，在匈牙利这个风险程度比整个欧盟更高一些。在森林植被上，匈牙利的森林覆盖率20%，而且还有所增长。但森林的质量不高，城市化、非法的盗采、气候变化等都对森林覆盖产生一定的影响，而且绿色的森林区域都不成片，没有能够连起来。

总体来说，和联合国可持续发展目标相比，匈牙利水源和卫生表现不错，但是在自然资源消费、土地的使用，以及气候变化等领域表现都不是很好。

波兰要向循环经济转型还有很长的路要走(波兰科学院矿物与能源研究所战略研究系副教授 乔安娜·库尔奇茨卡)

在波兰很早就开始有环境保护政策了,在计划经济时期以及在“二战”时期波兰就有一些很好的环境保护政策,20 世纪 90 年代还推出了相关的国家级政策。波兰也非常关注可持续性发展,促进创新,推动循环经济。如 1989 年波兰推出了环境保护和水治理的国家基金,这推动了轻环保生态建设的投资系统建立。该基金经济来源是独立的,不来自政府预算,并且该基金推出的环境使用费用项目,就包括限制废物排放的措施(包括废水的处理、废气的排放等)。除此以外,波兰还在持续推进循环经济的转型,与德国等其他国家都加强了合作。

自从 21 世纪以来,波兰循环经济经历了显著的增长(在过去 10 年里,占到 GDP 的 15%),并且已经推出了支持可持续消费和生产的许多计划,由欧盟(结构基金)和波兰国内(国家环境保护和水管理基金会)提供资金支持,主要用于有助于减少污染的基础设施投资。目前相比其他欧盟国家,波兰的循环经济刚刚起步,没有整个欧盟的情况好,资源利用率或产出率比整个欧盟的数据都要低。尽管近些年波兰的资源生产率有了很大的提高(2008 年为 0.57 欧元/公斤,2017 年为 0.66 欧元/公斤),但是波兰在这方面的排名仍然是欧盟 28 国中最低的(平均为 2.25 欧元/公斤)。而且波兰的产业也亟须改善,如发电主要是烧炭,还有铜业、铜的熔化产业等是主要产业,资源消耗比较高,而产出和效率都不是特别高。所以从生态以及经济的角度来说,波兰循环经济的还在进行转型。

欧盟成员国之间在循环经济的行动方案已经有了一个路线图,也有了一些共识,比如应该增加可循环材料的使用,另外原材料的使用必须是一个可持续发展的方式。

波兰循环经济的路线图刚刚获得批准,该路线图当中有四大主题,废物管理、经济模式、生物经济以及教育和工作的推进。需要强调的是教育是非常重要的,人们对循环经济是怎么看待,大众如何才能更加理解循环经济并且认识到它的必要性,相关的教育是非常重要的。因此,循环经济的实施是一项重大挑战,需要围绕循环经济提供强有力的政策支持,加强行业和社区建设能力。

波兰向循环经济过渡转型还有很长的路要走,这取决于国家的历史、产业结构、中央和地方政策、环境消费者行为、经济优先事项、治理,等等。

比较日本和中国的废弃物管理与回收政策(日本福山大学远东地域研究中心教授　山本雅资)

由于全球化将全球废旧物资与废弃物的经济网络结合在一起,因此公共废弃物管理政策越来越受到关注。例如,中国对塑料和其他废弃物的进口禁令直接影响了包括日本在内的世界上许多国家。欧盟的循环经济一揽子计划是一项全新的尝试,通过向循环经济社会转型来突出促进经济发展的重要意义,而传统的废弃物和再循环政策则更关注节约资源和保护环境。由此综合考虑,2019年6月在日本大阪举行的G20峰会上,所有与会国家都赞同携手合作,减少海洋塑料废弃物的想法。与全球变暖的情况不同,废弃物管理面临的困难之一是各国之间对废弃物管理定义本身存在很大的差异。接下来仅仅来比较一下日本和中国之间在废弃物管理与回收政策方面的一些明显差异。

在相关废弃物的立法方面,日本有一个框架性的法律《基本环境法》,还有一个具体的《良性的材料循环社会法》。除此以外日本还有各单列的法律,这些法律由不同的部门来制定。对于某些单向的废弃物,如汽车以及其他大宗产品的循环利用有专门立法。在过去20年里面,日本在减少土地填埋量方面做得还算不错,因为日本的国土面积不大,因此土地填埋量对日本来说是大问题。对家庭产生的废弃物方面,日本总共有1 700种不同的分类,有些可能要把垃圾分成40个不同的类别。就平均水平而言,也至少需要把垃圾分成10—12个类别。

来比较一下中国的情况,中国居民产生的垃圾量在不断上升,人均垃圾量也在不断上升,中国在应对这些不断增加的居民垃圾方面也遇到一些问题。上海是中国最先开始系统性的垃圾分类的城市,而且非常聪明是上海只把垃圾分成了四个类别,所以对扔垃圾的人来说需要准备的时间比较短,从政策宣布到开始正式实施仅仅用了一年时间。这在中国是很不错的,但是中国其他地方在这方面还不行,还有不少问题。比较一下来看,中国国土面积比日本大25倍,人口是日本的10倍,GDP是日本的2倍,但是环保部的预算中国只有日本的

20％，显然资源是不够的。另外在全国层面，中国投入的人力资源只有日本的20％，恐怕在环境方面工作人员数量是不够的。虽然中国地方上的工作人员可能是日本的 2 倍，但考虑到中国人口是日本的 10 倍，国土面积是日本的 25 倍，所以中国在这个方面投入的资源是有待提高的。从这些方面来说，日本可以为中国提供一些很好的案例。

21 世纪全球城市区域（美国加州大学洛杉矶分校教授　艾伦・斯考特）

城市区域在过去几十年时间里得到了很大的发展，尤其是从上世纪 80 年代开始，世界各地城市群或者说城市区域不断涌现，尤其是在东亚地区、南亚地区。对于城市群而言，各个地区不同的城市区域本质上都是相似的，由小变大。在上世纪五六十年代，三分之一的大城市在发达国家，但是现在三分之二的城市出现在发展中国家。

城市区域迅速发展的原因：一是经济全球化或者说资本主义的全球化，导致了城市的扩张和增长。二是新经济或者说新资本主义进一步集群化的效果，强化了这样一种城市化的趋势。三是专业化的个人或者专业化的组织，彼此相互取长补短，形成一个功能性的网络集群效应促进了城市化。四是新的劳动力的分工深刻地改变了整个城市的社会生活。

21 世纪城市区域发展的四点特征：

第一，土地使用集约化的审美倾向。因为土地比较稀有，集群效应的出现，所以必须合理利用土地资源、分配土地，这是城市化整个进程的分进程之一。这是所有的城市如上海都要遇到和面对的。国际资本在土地使用中的投入，使未来功能性城市的区域发展，从地理以及社会影响力上面来说，主要是集聚效应所带来的城市的变化，在土地使用的时候更多地倾向于考虑审美。

第二，劳动力的分配、再分配。新经济的集群效应使城市区域出现了一些从事服务的劳动阶层和低收入的劳动阶层，就是说劳动力出现新的区分，不再是简单的白领、蓝领。比如说服务阶级，他们总是在做那些脏活、累活，他们提供交通、厕所、司机、出租车等方面的服务性的工作。

第三，高档化。高档化理论在上世纪 60 年代就出现了，现在高档化已是城市化的一个主要的概念。高档化的现象集中在城市中心，以及邻近的地方，在国际性的大都市里面尤其如此。

第四,社会两极分化和非正规性。在北美以及有些欧洲的地方就有很多同质化的空间。因为有很多的白领聚集在一起,所以它是一个同质化的区间。这种同质化逐步走向两极分化,并且都具有非正规性。如在广大的区域之内,在城市之中有很大量的空间,有很多的活动,不管是技术,还是商业,像迪士尼,以及购物中心等的集聚。

长三角一体化进程中的公共服务协同战略——以异地医保服务为例(上海社会科学院城市与人口发展研究所副所长、研究员周海旺)

2018年,中国推出了长三角地区一体化三年行动计划,在中央和区域内的地方政府层面推动下,高铁、地铁、高速公路网络越来越便捷,交通联系很方便。同时长三角也是中国人口流入最多的地区之一,是中国人口最大的一个区域。上海2018年底的时候常住人口2 425万,976万来自其他省市,占40%,其中来自江苏、安徽、浙江的接近50%。流动人口中老年人流动增长很快,2010年的上海户籍老人离开上海到其他省市大概7.5万人,到2018年底大概15万人。跨地区的大规模的人口流动或者老年人到外地养老,影响他们在外地生活的一个最关键的影响因素就是医保制度,按照现在的政策,有的老年人到外地看病不太方便。

再简单介绍一下长三角老龄化发展的情况。上海是最早进入老龄化的城市,1979年60岁以上人口占10%,比全国早了21年。过去几年中上海的老年人口数量不断增加,2018年底已经超过500万,占到总人口的34%。最近几年上海每年老年人口数量净增加超过20万人。如果把长三角三省一市(上海、江苏、浙江、安徽)全部加起来,80岁以上高龄老人2015年已经超过500万人,高龄化的比重占总人口2.5%。老龄过程当中增加最快的是低龄老人,60—65岁是增加比较快的群体。长三角区域内老龄化过程有所不同,比如安徽是人口流出,年轻人流出比较多,因为年轻人流出了,剩下人口中老年人口比重增加也很快。在老龄化过程中,还有越来越多的老人是单独一个人居住或者与配偶一块居住,独居老人、空巢老人规模越来越大。预计到2030年的时候会增加到3 500

万老人,到 2050 年的时候 60 岁以上的老人,在长三角区域内占常住人口的比重将超过 40%。

长三角非常重视养老服务业的区域协作,为了便于流动人口医疗服务的需要,2018 年长三角开始试点跨地区的门诊费用直接结算。长三角上海、江苏、浙江交界的区域,正在建一个长三角一体化的示范区。2019 年长三角一体化也开始进入各个地方民政部门的工作,上海市民政局正在与江苏、浙江协商,推出首批异地的不仅是门诊住院医疗费用的结算,还有异地的养老服务,有十几个城市纳入了医保的结算试点单位。到 2019 年 4 月异地结算已经接近 1 000 万人,规模增长非常快。

当然目前还存在一些需要改进的问题。每个地方的医保政策有一定的差异,比如原来每个省市不一样的医保系统,结算的目录是不一样,在上海能报销的,在江苏看病回来有的不一定能报销。还有在异地的医保结算方面,有的老年人也不是非常清楚结算的流程,建议进一步改进这方面的服务工作,让老年人在不同区域享受更好的服务。首先是扩大结算范围,比如说苏州还没有纳入试点范围内。二是统筹各地的政策,提高医保一体化的管理能力,加速各地方列入试点,促进医保系统各地方接轨。三是要深化医养结合,为老人外地养老扫除限制因素。最后建议优质医疗资源在长三角更好地布局,把如上海的优质医疗资源整合进入试点区、示范区等。

21 世纪金砖国家巨型城市的治理(巴西圣保罗大学建筑与城市规划学院教授　雷纳多·辛巴利斯塔)

过去几十年世界城市增长势不可挡,南半球的大城市也以一种艰难的方式取得了进展。与北半球的城市相比,南半球的大城市的基础设施较为不完整,违规程度较高,不平等程度较高,暴力和隔离程度较高,腐败现象较多。

作为全球化的大都市,圣保罗的扩展还是非常快的。它的城市中心是整个地区发展的引擎,特别是在 1995 年城市化进程初具模型,基本上奠定了现在基础。人口在 1980 年达到高峰,但是在此以后出现下降趋势,当中也有波动。预计到 2050 年的圣保罗城市中心的人口出现负增长。圣保罗的城市化的进程总体是较为平衡的,工作岗位主要在城市中心,贫困人口聚集的地方和工作聚集的地方是分开的。圣保罗城市规划有一些新的趋势:一是利用规章制度为居民提供买得起的住房;二是以一些新的方式来发展农村地区;三是把公共区域进行分区。

在巴西很多城市公共区域太少,而且发展得不好,棚户区非常多,而且早在19世纪开始,很多的贫困人口就生活在这样临时性的居住区域,人口密集度非常高,很多人拥挤在一间房子里面。从20世纪70年代开始,更多的贫民窟聚集出现在城市的中心地区,可能是在沼泽地或者是一些水潭旁边,居住者主要是低收入人群。现在的情况也差不多,还是有很多非正式的房子聚集在一起。巴西所有地区都有这样的非法居住区,居住者基本都是贫困人口。在过去几年中,这已经造成了很多的挑战和问题,并且还面临着各种全新的局面:新兴的中产阶级需要更好的政策;新的社会运动需要制定具体的、坚定不移的政策,城市背景正在经历渐进式的司法化过程。

为了应对传统和新挑战,大城市的治理必须从常规化转变为适应性或变革性模式,这意味着国家必须能够应对一个永久变化并且其社会需求增加的社会。1988年巴西有一个法律颁布,允许小的政治团体和主体参与到政策制定之中,当然也取得了一些成绩。有些政策是城市整体规划,比如说水处理等。目前,圣保罗大概有1 100万人口,60%的人住在市中心,现在也推出了一个城市的主规划,主要是根据2001年推出的城市法律来进行的城市规划。在规划中既要保障建造大家负担得起的住房、租房,也要提供一些公共设施如公园等。2014年开始,圣保罗推出一个包容性的住房配额系统,就是要求一些大的住房建设项目必须分出配额给相关的人士。同时,在圣保罗区域还要进行再农村化、再乡村化的过程,主要是用于农业用地,主要用于无公害的农产品、食品的生产。跟上海相比,圣保罗的公共用地是非常少的,这也是今后要发展的方向。

协调整个城市区域:以南非豪登省(大约堡市)为例(南非威特沃特斯兰德大学建筑与规划系教授　菲利普·哈里森)

豪登省(GCR)因为其在南非独特的经济地位,正在吸引着越来越多的人在这里定居。不仅有来自整个南非的人口,而且还有来自印度和中国的移民进入豪登省。豪登省的人口约为1 400万,创造了南非三分之一的经济产出,也因此在南非语意中被称为黄金之城。

因为当初的种族隔离政策,使豪登省形成了两个不同的发展区,城市群整合程度又不像一般的城市群这么紧密,分布相对比较扩散化。由于当时黑人被推到了城市的核心区以外,所以最高的人口密度并没有出现在经济核心区。就密度而言,这里属于中低程度。豪登省之所以会出现这样一种城市碎片的情况,主要是因为采矿区。这些城市大多是围绕着一个个矿区发展起来的,原来的矿区本身存在碎片化的地理分布,同时还有河流等天然的障碍,所以导致城市出现碎片化的发展状况。

随着第三产业、服务业的发展,也为城市提供了更多的灵活性。从居住区出发进入到工作区,人们需要克服地理上的距离。经研究发现,在豪登省黑人的通勤路径明显比白种人上下班的路径要更长一些。但是也有很多情况正在发生变化,无论是人口的密度,还是人口结构都在发生变化,城市的密度变得越来越高。原来黑人不被允许到城市中心生活,现在允许黑人到市中心居住了,因此出现城市中心正式和非正式的密度升高的情况。但是仍然还处于隔离的状态,白人归白人居住,黑人归黑人居住,另外还有亚洲移民居住的地区。

在南非有 35 种不同的语言,而豪登省吸引了来自南非不同语种的人士。这个地区犯罪率相对比较高,而且富人、穷人居住的区域有明显的区隔,居民的分化程度很高,遇到的挑战也非常大。在教育上面,该地区的不平等程度要比收入的不平等度更严重。对本地区的人口而言,教育资源是远远不够的。

在南非非常复杂的治理结构中,地方政府需要有更多的跨境、跨边界的、跨区域的合作机制。这方面的合作机制目前为止还是非常脆弱,在一个低信任的环境当中要建立一个跨区域的合作治理机制是非常困难的。地方政府之间相互有竞争、有不信任,所以不愿意放权或者授权给一个共同的机构来进行资源整合或协调。因此对于豪登省政府而言,需要建立的是单层级的大都市治理结构,以便能够将更广泛地理范围内的资源进行有效的整合。

当代中国劳动力参与率及其决定因素:基于人口普查和 CGSS 2010-14 的经验研究(日本同志社大学全球研究学院教授 严善平)

过去几十年中国迅速实现经济发展,并在 2010 年一跃成为世界第二大经济体。然而,中国的人均国内生产总值在 2018 年仅为 9 000 多美元,仍然是一个中等收入国家。2014 年以来,15—64 岁人口规模不断缩小,劳动力市场供需关系紧张,工资水平迅速上升,国民经济从高速增长变为中速增长的新常态。为了避免中等收入陷阱,中国必须实现国民经济的持续增长。因此,除了加快产业转型外,进一步挖掘潜在的人力资源、提高劳动力参与率(LFPR)也是很重要的。日本的经济在 20 世纪 90 年代以后长期停滞的原因,是因为人口总量变化、人口的年龄结构变化。这是日本经济走向高度成熟以后进入成熟国家的一个状态,而且日本这样一个少子老龄化的经验或者教训,对中国有重要的参考价值。

战后日本经济的长期发展趋势中有三个特殊的阶段,三个不同时期的增长率和人口红利、生产人口比例。高速增长时期是年均增长 9.1%,中度增长时期是 4.2%,再往后长期低迷是 1.3%,这三个时期是一个转换过程。

中国现在经济增长速度在递减,也进入第二个阶段,可以说中国经济已经进入所谓的刘易斯转折点。中国城市劳动力市场的供求关系也发生了变化,从劳动力无限供给到相对短缺,供给和需求的关系发生了逆转。而且背后还有人口的年龄结构变化,中国农民工里面绝大多数是 20—39 岁。根据中国国家统计局提供的数字,中国的劳动参与率也在不断下降。世行的数据显示也是如此,而且女性比男性低很多。由于劳动力人口减少,带动整个中国市场的劳动力供给下降,对整个经济发展起了负面作用。比如 2015 年 1%人口抽样调查,中国全体的男性女性,以及从市、镇和乡村三个层面来看劳动参与率,可以发现农村高于城市,男性高于女性,女性在城市只有 47.2%,不到一半的劳动参与率,比日本还要低。这么一个青壮年的绝对减少和整个劳动参与率的下降,导致城市劳动市场供求关系发生急剧的变化,供不应求。

中国劳动参与率下降很重要的原因,就是女性的就业率非常低,50 岁以上的女性就业率比男性低很多,这个与中国城市的退休制度有关系。中国如果想提高劳动参与率,在退休制度等方面要做进一步的改革,不然的话可能会面对很多问题。日本可以作为中国的参照,可以给中国提供很多经验。

为克服劳动力短缺对经济增长的不利影响,中国应重新定义“老龄化”的概念,尽快改革退休制度,提高老年人口的劳动力参与率,因为“长寿红利”的释放和利用不仅可以实现经济增长,还可以减轻社会养老的沉重负担。

从上海到大上海：关于上海空间的认识深化与规划响应（上海社会科学院城市与人口发展研究所副所长、研究员 屠启宇）

上海的2035规划已经完成，上海大都市区的规划也正在研究过程当中。对于上海的概念怎么理解，上海大都市区怎么理解？这是一个现实中的重要问题。可以说，上海实际上是一个非常大规模的经济体，经济总额相当于波兰和南非的总额。上海不仅仅是一个城市，而是有多个城市构成，还有很大范围的乡村。上海实际上是由一组城市构成的城市，有主城区，还有一些由30—50万人口规模的城区构成。而且上海市的概念一直也在扩展的，包括人口和空间的扩展。

上海大都市区目前已经确定是由九个城市构成。从现有的经济数据看，这样的大都市区在世界很难找到一个可以相比的参考对象，因为它的整个空间、人口和经济体量在国际上找不到接近的。再进一步是更大背景的长江三角洲区域，在人口和空间尺度意义上就更难找到一个可以比较的对象。那么，上海大都市区究竟还是不是一个理论意义上大都市区呢？这可能不仅仅是城市规模、人口、经济体量的问题，大上海一定意义说上还有经济的功能、文化的功能，甚至政治功能。此外从边界来讲，由于上海大都市圈有九个城市构成，在这个意义上上海大都市圈的边界一直是在动态变化的。而且构成上海大都市圈的九个城市已经由政策确定了，也带有了政治目标的性质。

实际上从学术上理解的话，上海大都市圈是一个混合性的都市区。它有各种特征，有部分是地理邻近性，有部分是功能关联性构成的。在现当代意义上说上海，整个长三角中心的变迁是一个常态。纵观这个区域的整个历史，各个城市如苏州、宁波、常州、扬州、杭州都曾经做过这个区域的中心，而不仅仅是上海，它是一个多中心轮番崛起的过程，这是这个区域不竭的动力。

在规模尺度意义上海大都市圈强调的是功能，要用全球城市区域演化视角来考虑对于上海大都市圈的规划。上海规划已经明确，一是上海用地和人口不再涨了，保持现有水平。二是在土地和人口不涨的情况下，上海要形成更大的影响力，要注重质量的发展，包括创新、文化，即城市区域融合发展。三是上海城市规划必须是有弹性，要留出了一些空间留白，可以动态调整。在这个策略下,上海是城市和农村在一起的,城市结构大致是由原来的中心城,包括五个新城和乡村组成。

上海大都市圈的规划有这样几个原则。第一是基于上海,必须是从上海到大上海,要分享、接受上海的愿景。第二是大于上海,就要在整个上海大都市圈范围内去动员资源,当中有些资源甚至是上海市并不具备的或者稀缺的。第三是优于上海,在上海市空间有限情况下,必须在更大的空间、更多的资源的基础上达成比上海更优的一个配置。

国际上的共识是,大都市圈的发展面向未来的关键是可持续、包容性,上海大都市圈也应在生态意义上、活力意义上、人文意义上,都在最大限度上取得更好的,实现更大的愿景。

第一专场

第二届“一带一路”上海论坛：推动共建“一带一路”高质量发展

论 坛 致 辞

上海社会科学院院长张道根致辞

“一带一路”创意的提出，得到了越来越多国家和地区的积极响应，这是一个连通中国和世界的重要桥梁，也是上海走向世界的重要的通道。上海社会科学院一直高度重视“一带一路”的研究，去年5月14日，在中联部当代世界研究中心，还有香港贸发局等一起的支持和协作下，我们共同开创了“一带一路”的上海论坛。“一带一路”研究不断深化，期望我们大家一起把“一带一路”的研究做得更好、更深。在此，我要感谢“一带一路”智库合作联盟、中联部当代世界研究中心、香港贸发局，还有诸多的机构，以及今天在座的各位朋友，感谢来自五湖四海的嘉宾。

中国国家主席习近平先生2013年9月提出“一带一路”倡议以来，“一带一路”的建设从构想到实践，走过了6年的历程，引起了越来越广泛的关注，越来越多的国家和地区主动参与，取得了积极的效果。个人感到有三点是很重要的。

第一，“一带一路”是对所有国家和地区全面开放的。它顺应了经济全球化发展的大趋势，按照第二次世界大战以后建立和完善的国际金融、经济、贸易体系及其共识的国际规则，倡导共商、共建、共享，主张不分意识形态政治制度，不分国家大小，也不分发达还是不够发达，一视同仁地扩大开放，加强经贸合作，旨在实现双赢、多赢的共同发展，推动世界经济开放、平衡、协调和可持续发展。

第二，“一带一路”是一个求同存异的、政治上不结盟的合作平台。中国一直强调，我们提出“一带一路”倡议，主要是看到了当今世界各国联系广泛，相互依存。解决全球经济、社会、政治问题，需要更多的商量、更多的交流、更多的合作和更大的包容，建设和而不同、文明进步的人类命运共同体。“一带一路”旨在促进政策沟通、设施连通、贸易畅通、资金融通、民心相通，不是地缘政治或军事的结盟,也不搞排他性的圈子,更不输出意识形态和制度,不干涉别人选择自己的意识形态和制度。

第三,"一带一路"主要是以经济合作为重心。它以中国自己的经济建设为中心,集中精力办好自己的事情,同时加强同国际的合作。中国提出"一带一路"倡议,当然是有自己的想法和目的。任何倡议的提出和想法都是有它的目的和意义,我们中国提出"一带一路"的经济合作,最重要的是在国际合作上既有利于自己,也要有利于他人,绝不能是损人又不利己。我们提出这个想法是通过跟全世界的合作,解决占世界人口五分之一大国的人民的生存、发展、选择、自由问题。中国要发展,要进步,要让人民生活更好,我们始终是离不开同世界各国的经济交往,我们离不开各国资源、产品、服务、技术和知识的互通互换,互相交流和借鉴,也离不开世界上各国发挥自己特有的优势和比较优势。"一带一路"就是一个经济合作的倡议,就是要促进世界经济的持续发展。在世界经济的持续发展中,保持中国经济持续稳定健康地发展,改善 14 亿中国人民的生活水平和质量,也增进人类的福祉。

李鼎鑫致辞(代金鑫宣读书面致辞)

上海是中国新一轮扩大开放的高地,是"一带一路"建设的排头兵和主力军。近期国家信息中心"一带一路"大数据中心发布了《"一带一路"大数据报告2018》,该报告显示,上海在"一带一路"参与度、综合影响指标等方面的得分,均居于中国所有省、市、自治区前三,在贸易投资便利化、金融开放合作等领域,始终走在全中国的前列。今年上海将继续扩大与"一带一路"沿线地区的经贸往来,我们相信在党中央的坚强领导下,上海必将成为"一带一路"建设的前沿地带,为"一带一路"建设高质量发展贡献更大的力量!

"一带一路"智库合作联盟是中共中央对外联络部,配合"一带一路"建设,发起而成立的智库交流的全球性平台,目的是为"一带一路"建设凝聚更多的国际共识,提供更高水平的智力支撑。截至目前,"一带一路"智库合作联盟,有国内外的理事单位 258 家,其中来自沿线和地区伙伴国的智库有 120 家,国内有138 家,涵盖了"一带一路"沿线几乎主要国家的主流智库。复旦大学、上海社科院以及在座很多嘉宾来自的机构,都是我们"一带一路"智库合作联盟的理事单位。“一带一路”是一项复杂的工程，需要各方力量积极参与进来，我们智库作为思想员、政策员、舆论员、信息员，对于“一带一路”建设更是责无旁贷。

智库要敢于担当和作为，为“一带一路”高质量提供更多的智力支持。为此，我们鼓励境内外专家学者提供更多的务实管用的建议。研究机构及工作者应该有家国情怀，主动提高政治站位，贴近国家发展需求和关切，进行学术的供给侧改革，切实发挥好建言的作用。

我们还要鼓励研究机构加强交流合作，通过走出去和请进来，与各国专家学者交流信息和观点。通过联合调研、合作办会等方式，邀请各国的智库开展更深层次的合作。智库应有意识地发挥桥梁作用，搭建智库与政府、企业、社会组织等各种各样的平台的联系，增加“一带一路”参与主体的多元性，搭建治理网络，畅通信息渠道，促进政策部门、研究部门、企业、媒体，形成推动“一带一路”建设的合力，提升研究成果的转化能力，及时把企业、媒体、社会组织反映的“一带一路”建设当中亟须解决的问题，转化为研究的目标，并且提供资政报告。

“一带一路”倡议的提出为世界带来了机遇，同样也为我们智库专家、学者提供了广阔的施展才华的舞台。我们有理由相信，通过搭建更多类似“一带一路”上海论坛这样的智库交流平台，通过把这些论坛办出影响，办出成效，“一带一路”建设一定能沿着高质量发展的方向不断地前进。

黄醒彪致辞

今天，由香港贸发局主办的“一带一路”高峰论坛也在香港开幕。该论坛是推动“一带一路”合作的国际性的项目平台，汇聚了来自“一带一路”相关国家和地区的商业代表，共同探讨对接“一带一路”所带来的庞大的商机。在上海与香港两地分别举办的两个论坛，我觉得正好反映不同领域对“一带一路”的高度关注，并且已经行动起来。

今年“一带一路”上海论坛聚焦推动共建“一带一路”高质量发展，其中一个主题是开放与第三方的合作，这使我想起了全球化这个大趋势：“一带一路”发展预示着另外一波的全球化。全球化的意义是什么？个人看法，全球化的意义简单来说就是在于企业能够更好地结合不同地区的相对优势或者是比较优势，通过利用不同地区的优势，来提升企业整体的竞争力，迈向高质量的发展。在这个过程当中,企业本身必须要开放,客观的营商环境更加要开放。

香港贸发局最近在长三角地区访问了一批内地企业,42%的受访企业表示,计划在未来三年走出去,挖掘商机。为了拓展“一带一路”海外业务,有关企业均表示需要寻求企业本身以外的不同的专业服务,来提供协作,包括商业顾问,国家投资环境评估,相关的金融服务、品牌设计以及推广策略服务,等等。前往“一带一路”发觉商机的企业当中,香港是最多企业最有兴趣前往寻求专业服务的地点,占了受访企业的53%。香港是内地企业走出去的一个重要服务平台。

世界银行报告指出,“一带一路”倡议促成的交通运输项目,能使原先经济体的贸易额增加9.7%,全球贸易额增加6.2%,全球实际收入上升2.9%。这些经济总量的增加当然重要,因为在过程中可以帮助很多原先地区把经济发展得更好,但同样重要的是增长也必须达到可持续性,也必须是开放的、透明的。

今年上海论坛围绕三个分组的主题,正好回应当前的发展趋势要求,相信各位专家学者的交流分享,将对政策的制定、对企业的经营决策,带来不少启示。

演 讲 实 录

“一带一路”与亚洲文明互鉴(上海社会科学界联合会主席 王 战)

这6年我走访了近30个“一带一路”国家,大家有一个问题:“一带一路”的政治动机是什么?我曾跟他们说,中国的改革开放和“一带一路”有着天然的联系,因为中国的改革开放就是从中国自己的“一带一路”开始做起的。1978年邓小平提出深圳搞特区,从深圳特区变成5个特区、14个沿海城市开放,这就是中国的沿海经济带。到1990年,邓小平又提出了浦东的开发开放,意图是带动中国整个长江经济带的发展。于是,中国有了自己的“一带”和“一路”。沿海经济带往南往北和海上丝绸之路对接;长江经济带往南走是茶马古道,往西走是到新疆的陆上丝绸之路经济带。我们提出“一带一路”,是一个非常自然的事情,就是把中国改革开放过程中形成的“一带一路”和周边各国来分享。

西方很多国家将“一带一路”理解为中国向外投资,输出产能。其实中国的倡议是在强调文明间的互相交流、借鉴。在中国的历史发展中,“一带一路”国家给了我们很多借鉴,西红柿、胡椒等很多食物都来自这些国家,还有天文、立法、音乐、舞蹈、美术、乐器等各方各面,都有“一带一路”国家的文化印记。文明从不是单向输出,它是一个相互借鉴的过程。

那么,中国在“一带一路”当中、丝绸之路当中起了什么作用?

其一,中国有“和而不同”文化。在中世纪,西域国家的宗教是出世的,崇拜的是唯一神;而在中华文明当中,我们是多神论、是入世的。当时贸易商人很长时间是赶着骆驼在路上,他们内心如何安顿是个很大的问题。中国对各种宗教打开大门,比如我们看到河西走廊上有很多石窟,这是佛教的文化遗存,佛教来自印度。中国还有一个“明教”,最后产生了一个皇朝是明朝,明教来自伊朗。此外还有伊斯兰教、天主教、基督教,当时我们叫作“景教”,这些宗教到了中国,都可以有进行宗教祭拜的场所。我觉得，两千年来丝绸之路能够延续不断，与中国所提供的“和而不同”的宗教文化有很大的关系。

其二，亚洲文明之间的互鉴意义非凡。前几年我到湖南参观蔡伦博物馆，发现在世界上十大名人当中，蔡伦排在第七位，因为他发明了造纸。在这之前，埃及人用纸草、欧洲人用羊皮纸、中亚西亚用泥板、中国用简牍，这些要么重、要么贵，都不利于文化在大众间传播。纸于 7 世纪传到阿拉伯，又被阿拉伯人传到欧洲，它使亚欧大陆所有民众都可以学习文化，进行文化交流。可见亚洲国家间的互鉴对整个世界历史的发展意义非凡。

其三，江南文化的贡献。大运河沟通了南北贸易的交通，也形成了中国的儒商。儒商把信用放在第一位，而后成为人和人之间的交往的准则。在村庄里面都是熟人，所以第一个讲的是仁、是爱，但大运河远距离的贸易，我和你不认识不可能爱你，我们之间要相互信任，这是做生意的前提。因此，江南文化的“信”实际上形成了一种社会伦理。我认为，今天的“一带一路”国家如何相处，都可以用“信义仁智礼”为准则。

解读美国对“一带一路”的误解（布鲁金斯协会中国中心　李　成）

国外中国学研究，包括美国政界、学界、智库、媒体，对中国的快速发展有一个了解和认识过程。我相信，只要中国是开放的，在进步、发展、学习、努力和国外交流，假以时日，海外的偏见和误区是可以纠正的。

当今我们处在一个十字路口，包容性和高质量的增长乐观前景与灾难性冲突的悲观预测同时并存。中国的“一带一路”倡议是改变全球地域政治和经济格局最深刻的一个倡议，因而国际对此反应各异，包括不同程度的热情、交流、怀疑，甚至反对，这都是可以理解的。

以美国为例，一方面，华尔街商业精英认为“一带一路”是重要经济机会，他们并不是妒忌和担忧，而是兴奋和喜悦。另一方面，华盛顿一些政策制定者和舆论领袖，目前把“一带一路”视为中国威胁论的主要表现，并加以遏制。这里自然有两国利益和意识形态不同所造成的竞争和分歧，但也不排除认知上的偏颇和判断上的误区。如何让世界和美国全面准确地分析、了解“一带一路”的理念和运作本身呢？这需要更多的国际对话和更广阔的全球视野。

中国和西方世界要有换位思考，要分清哪些批评是无理指责，哪些是合理担忧。比如西方批评“一带一路”是在挑战美国的经济利益，尤其是“一带一路”沿海国家用人民币结算对美国是非常大的挑战，目前这个议题并没有出来，但是实际上是很重要的考虑。此外还有对劳工环境保护和其他治理上面问题上的不同措施和政策、产能过剩的转移等，这是个长清单，我不再赘述。这里我想讲三个方面：

第一，中国的“一带一路”是完全合理的。中国作为一个大国，其利益诉求完全可以讲出来：中国需要海外的市场和资源。这完全合理，其他国家也会提出这样的问题。但是，西方往往认为这些诉求是进攻性的。可见，缺乏换位思考，就会把中国整个“一带一路”都看偏了。

第二，中国的“一带一路”是对目前的经济体系、经济秩序的一种补充，而非一种替代。这个问题我跟很多美国政要代表谈过。他们经常讲，中国亚洲基础设施银行做得比较好，它不是以中国为主，而是中国引领，实际上是世界的或者亚洲的银行。这也就解释了为什么西方国家加入了亚洲基础设施银行。

第三，“一带一路”源于中国，属于世界，它不要求其他国家战队。如果都让各个国家站位，我们会形成两个经济贸易体系、两个互联网体系、两个货币体系，最终将会是两个政治和军事体系，这难道是我们在 21 纪的今天所要的世界吗？

互联网治理的“中国经验”（太和智库　彭　波）

要了解中国互联网的治理经验，有两个前提条件，首先中华民族比任何国家和民族都更重视互联网。一个民族对待新的科技革命的态度与它本身的经历有很大的关系，最少有两个前提，其一，这个民族有非常了不起的过去；其二，曾经由于错过一个历史的机遇而遭受了前所未有的灾难与教训。这一两百年我们错过工业革命带来的遭遇是刻骨铭心的。当信息革命到来时，中华民族这次绝不错过。

中国接入国际互联网有我们自身不同的条件。美国是在完成工业革命以后自然过渡到信息革命，中国工业化进程并没有走完就主动引进互联网。正因如此，当今所有互联网问题都是中国不适应互联网，因为我们的基本条件都还没有完成，我们的公民道德水平、政府治理水平、法治建设水平等都不太适应于互联网。所以美国的治理理念是确保网络信息自由流动，我们主张确保网络信息安全流动，我们一定是要追求安全。而且我们对于互联网治理的方针坚持不变的就是建设好、利用好、管理好，这也是中国互联网治理的基本经验和基本模式。在中国首先要建设好、利用好互联网信息服务业。中国政府承诺给中国人民提供世界上最好的信息服务。发展是最好的管理，运用是管理的最高境界。

网民热议的新四大发明中三个是与互联网有关系，充分说明互联网在中国的作用，建设好互联网会得到充分的回报。

实践证明，互联网大大提升了中国共产党的执政能力，提高了政府的执政能力，维持了我们经济高速增长，保证了社会持续稳定。互联网正在进入一个全新的阶段，如果把上半场看成信息科技的话，下半场是数字科技。我们要在技术领域提高核心竞争力，同时数字科技也会给互联网治理带来新的挑战、新的问题。中国人也会持续地探索互联网治理新的经验。

"一带一路"的新阶段、新特点（上海社会科学院研究员　黄仁伟）

"一带一路"已覆盖了世界地图的大部分地区。由于延伸地区如此广泛，我们很难用一句话来概括"一带一路"在不同地区的特点，我建议把它变成不同的板块。我们不可能在短期内完成全球的"一带一路"，但有可能在一定的范围内完成一些板块的"一带一路"。

"一带一路"的新阶段"新"在哪里？我用习近平主席的一个词来说——共建"一带一路"。到现在为止，大部分学者还在用"'一带一路'倡议"这个词，但实际上在习近平的演讲中，用的是共建"一带一路"，次数多达20多次，"一带一路"倡议只用了很少的几次，所以共建"一带一路"是下一个五年，甚至于十年的主要任务。共建就意味着从倡议阶段进入了建设阶段。倡议主要是讲道理，是呼吁大家一起来参加，而共建是一个实践阶段。倡议是一个大协议，共建需要工笔化，需要非常细致。

"一带一路"的特点里面，第一个特点是和新的开放战略结合。我们看到习近平的讲话里，有"五个更加"：更加扩大外资准入、更加大地保护知识产权、更加大地增加进口、更加大地进行国际政策协调，还要更加重视政策的落实，要做实，不是讲。这“五个更加”是一个基本出发点，“一带一路”是中国新开放战略的前沿，也是新开放战略的核心部分。

第二个特点要从中美贸易摩擦的背景下来看“一带一路”。中美贸易摩擦是一场长期复杂的贸易争端，其涉及面广泛、涉及层次深刻，在短期内不可能完全解决。这样的话，中国对美国市场的依赖度会有所降低，美国市场对中国经济的带动能力也会有所降低。中国外部经济的环境变化需要有新市场开发，“一带一路”就是新的空间。“一带一路”的市场增长速度，远远大于美国市场下降的速度，这就弥补了中国在美国市场的一部分损失。因此，中国在世界贸易的整体上还是上升的，还是扩大的。所以我把它叫作开辟第二战场，这个第二战场不是在今天开辟的，是在五六年前就有，而在以后的十年会更加得明显。

第三个特点是“一带一路”要有高质量发展。所谓高质量，从微观来说，每个工程、每个园区、每条产业链，都要走高质量的道路，要切忌在“一带一路”沿线搞烂尾工程、胡子工程或者空园区。这种现象要杜绝，所以我们宁可做少一点，也要做好一点，不是急于铺摊子。同时我们要讲究回报率，“一带一路”并不是请客吃饭，不是免费的午餐，“一带一路”要有市场回报率，否则它不可持续。“一带一路”要有很好的融资能力，不仅仅靠国家主权基金冲破一个局面，民资、外资及国际金融机构要越来越多地参与，以保证我们“一带一路”有更大的发展空间。

“一带一路”现在进入一个新阶段，这个新阶段的前景我可以负责任地说，是非常有前途的，是可以乐观的。如果再有五年时间，再来看现在的“一带一路”，可能出乎大家想象，它有一大批项目会完成。

“一带一路”学为什么是新时代的中国学？（中国人民大学教授王义桅）

40 年的改革开放，中国融入了国际全球化，中国崛起了。中国何以崛起？同样的开放，为什么其他国家没有崛起？到了现在的新时代，世界不仅关心中国何以崛起，还关心中国崛起能给世界提供什么，所以中国学就上升到“一带一路”学了。中国不是一种狭义上的小我，所以中国特色是让世界各国都有特色，从而世界才有特色，因此提出了“一带一路”，这是对未来世界的探索和思考。

为什么要回答中国何以复兴,其他文明古国能否复兴,其他新型国家能否崛起,其他发展中国家能否脱贫致富?

第一,因为它来自古代丝绸之路,历史文化的视角。“一带一路”这个词确实跟古代的丝绸之路密切联系,但又不是简单的复兴古代的丝绸之路。这个路是跟道连在一起的,“一带一路”的“一”也是五千年中华文明的体现,是时代的转化。所以现在中国人做梦,鼓励了很多国家也做自己的梦。强调中国战略和各国发展战略进行对接,叫融通各国梦,成就世界梦,梦梦与共,世界大同。

第二,当今世界越来越碎片化,原来地区一体化、全球化,现在各个地区都在筑墙。如何打通各个次区域,变成跨区域、全区域的合作?习近平在“一带一路”第二届高峰论坛讲的打造全球互通的伙伴网络,最终构建人类命运共同体,就是解决碎片化、极端化、民粹化。

第三,面向未来。“一带一路”学是第一次发展中国家提出的关于未来的设想、倡议。以前的未来学都是最发达的国家提出的,他们强调的是如何让强者更强。未来是一种共同的未来,而不是强者的未来。中国超越了这种小我,追求一种大我的境界,这就是“一带一路”学能够把中国经验给世界分享,让世界告别近代以来的现代性、全球性泛滥成灾的局面。

今天“一带一路”学强调的是我们是谁,我们从哪里来,我们要去哪里。它的思维方式是共同体的理念,是强调命运与共的,这就是我们说的“一带一路”学是新时代的中国学、全球化学、未来学的基本逻辑。

地缘政治动荡下的中国和中东经济关系(布鲁金斯学会多哈中心塔里克·尤素夫)

在为期两天的时间当中,大家达成了一个共识,那就是“一带一路”倡议提供了一个强大的框架,使得我们不仅能够扩大和中东的关系,还能深化与中东的关系,这一关系不仅是能源纽带,同时还能延伸到基础设施和金融领域,甚至还延伸到冲突的解决。另一个共识是中国可以展示它在中东地区的地缘政治的立场,包括不干涉、支持稳定性,以及偏向于一个跨区域、泛区域的冲突解决。

过去两年中美关系正经历深刻变革,这不仅是关于贸易战,或者是技术战争，美国和中国似乎在互相冲撞道路上越走越远。美国政策制定者、分析者和官员认为中国是一个战略威胁，会形成国际体系当中一系列新的原则和法则。这些冲突不可能消失，中国和美国新一轮的冷战，很有可能旷日持久。因此，对中东而言，中国一切照旧的原则可以持续吗？有很多理由认为不能再持续下去。有些国家在该区域有自己的政策空间，他们可以告诉美国人我们想跟美国做生意，也想跟中国做生意。但并非该区域的所有国家都有如此的自主性，很多中东国家都面临非常大的压力，他们到底要和美国做生意，还是要和中国做生意？他们必须作出选择。

在中国和美国之间持续冷战的前提下，我们需要重新思考中国和中东间的关系。过去两年，中东经历了很多的不确定性，安全问题抬头。因此，不同国家和集团都希望能重塑或者重新设计一套安全的中东框架。这些国家的竞争局势其实也有可能会削弱中国在该地区的影响。

地区调整对于中东、北非地区来说，有很好的重组希望。在发展过程当中，中国肯定会遇到很多挑战和技术层面的问题。中国不仅要一一跟“一带一路”的沿线国家打交道，而且要更加积极地应对那些有关中国的负面消息，这样“一带一路”才能真正地发展起来，被大家接受。我们相信中国巨大的实力能够为中东和北非在过去二三十年当中遇到的问题提供一个新的思路，这是积极正面且有必要的。

以“开放”“绿色”和“廉洁”推动“一带一路”高质量发展（上海社会科学院研究员　王　健）

我们现在的全球化碰到很多挑战，不平衡，特别是收入分配差距特别大。所以全球化需要改革，这个在全球都有共识。怎么改革？中国提出的“一带一路”实际上是一个想走向更加包容性的一种全球化的主张。同时，在以往全球化和区域经济合作中，更多是强调怎样降低相互间的税收，提供贸易便利化。但有一个很大的问题，即基础设施的缺失是造成目前全球化和地区动力不足的重要原因。大家都知道，但风险大，投资也大，收效还特别慢，没有人愿意做。所以中国提出的“一带一路”倡议，实际上也是为今后全球化提供了一个新动力。

中国在“一带一路”倡议 6 年来取得很多成就，至少为沿线国家提供了 35

万个就业岗位,带动了美国、日本、欧洲互联互通的投入。中国"一带一路"确实有很多质疑的声音,包括债务陷阱、环境问题、不透明、腐败等,但我们要注意到在第一届"一带一路"国际合作高峰论坛上,提出了共商、共建、共享,而这次会议上提出了高质量发展,还特别强调了三个新理念——开放、绿色、廉洁,我认为这个很有针对性。

从开放来讲,现在特别强调第三方市场合作和第三方产能合作。通过第三方合作,不仅可以打开市场,让更多西方国家参加,同时也可以通过合作提高中国在海外投资的风险识别能力。

在绿色方面大家很担心,最近清华大学一个学者作了一个报告,说如果按照目前的道路建设方式,或者煤电厂的投资,"一带一路"如果完全完成的话,可能会造成气候变化,它说会增加两到三度,这当然是清华大学的研究。实际上,中国从一开始就是积极推进绿色的"一带一路",因为在中国我们已经把生态文明作为五大发展理念之一,通过"一带一路",中国可以把自己国内的清洁能源方面的做法、金融做法推广出去。特别是随着"一带一路"走出去,我们也发现中国环保的标准也在走出去。最近印度尼西亚希望中国能够帮它一起,提高他们的环保标准。

最后讲讲腐败的问题。"一带一路"的腐败是很大的风险,因为在中国投资过程中,沿线有很多国家透明度不是很高。中国去年到马来西亚去的一些问题,实际上是跟他们国内的腐败联系在一起,中国成了受害者。现在中国有意识地把中国成功的反腐往外推。举一个例子,中国倡议的亚投行到目前为止已拒绝了一百多项投资贷款的要求,因为这些跟不良记录有关。

中国的"一带一路"倡议想通过互联互通来给全球的经济发展和不平衡提供一个解决方案,我想在这个过程中,中国愿意以更加开放的态度,和西方发达国家进行合作,把它建成一条开放、绿色、廉洁的"一带一路"的发展道路。

"一带一路"视角下加强中韩在朝鲜半岛基础设施领域的合作路径研究(上海政法大学　汪伟民)

中国在朝鲜半岛地区进行基础设施建设,并将之纳入"一带一路"有四个原因。

首要原因是中美对抗进入了新升级的阶段,特朗普政府上台后,推行全政府对华施压战略,对于中国的战略压力也辐射到朝鲜半岛以及中国周边地区,我们感到我们外交空间受到重大挤压。另一方面,我们也注意到特朗普政府提出美国优先,对于他的盟友同样强调美国优先,美国一些亚洲盟友出现离心力的态势。总之而言,从国际体系角度来讲,我们在朝鲜半岛地区推进"一带一路"有动力也有压力。

第二,从整个中国大周边关系来看,所谓顾北守南。北方形势相对比较稳定,南方局势相对具有挑战性,像南海、东海方向,有台海问题、属于中国内政的香港问题。总之在南部我们面临战略压力相对较大,相当一部分是由美国的战略压力给我们带来的。所以我们是从整个大的周边的视角来考虑在朝鲜半岛推进"一带一路"。

第三,中国与朝鲜、韩国、日本的关系都处在变动期。随着两国元首的会面,中朝关系得到了再度确认巩固。在中韩关系上,萨德危机冷却,两国关系日渐恢复。中日关系上,今年习主席同安倍首相在 G20 峰会上会晤,达成十点重要共识,考虑到中日战略对话得以重启,日本与美国的经贸矛盾、军费分担,还有美国单方面退出 TPP 一系列因素,美日关系开始出现下降趋势。总体而言,从东北亚次区域来讲,我们也有着在朝鲜半岛推动"一带一路"的合作条件。

第四,从中国国内经济与政治角度来考虑,长期、可持续地拉动东北地区经济增长仍有巨大的提升的空间,因而围绕朝鲜半岛基础设施建设,对于东北地区的振兴也有着重要的意义。

以上是"一带一路"在朝鲜半岛推进的必要性。

秉持开放包容共赢理念,推动"一带一路"框架下第三方市场合作(中联部当代世界研究中心　李鼎鑫)

第三方市场合作是中国在"一带一路"倡议提出之后两年首创提出的新的国际经济合作模式。目前为止,中方在"一带一路"框架下,与法国、意大利、德国、新加坡等国家署了备忘录,已开始了第三方合作的进程。在目前的情况来看,第三方合作已达到了 1+1+1 大于 3 的效果,不光是中国与某个国家在第三方市场合作,还有"一带一路"框架下某两个国家在第三方市场的合作,它会产生几个效果。一个是有助于世界各国摒弃零合的思维,最大限度发挥自己的优势。第二有助于发挥潜能,实现互补,风险能够共担。第三有助于开拓市场,拓展各方的发展空间。第四有助于在合作当中增强相互之间的信任,推动国家间关系的发展。

刚才有学者提到“一带一路”建设推进会存在一些项目不透明、腐败的问题。这个是老生常谈的题目了,已经没有多少新意。因为中国在推动“一带一路”倡议与世界各个伙伴国家推动倡议时,充分注意了债务风险的问题。我想引用一下美国霍普金斯大学中美研究项目的例子。这些项目主要是在非洲的贷款的信息,波士顿大学全球发展政策研究中心追踪 2005 年中国对拉美和加勒比地区超过 1 400 亿美元的贷款,这些研究表明“一带一路”的风险经常被扩大和错误描述,中国银行、中国的金融机构并没有通过过度借贷和为亏损的项目提供资金,来确保中国地缘优势和战略优势。国际货币基金组织认定非洲有 17 个国家陷入债务危机当中,对这些国家债务状况的分析和中国贷款状况分析状况表明,事实上全球许多银行和债券持有者都对这 17 个国家有贷款,其中中国只有在吉普特、刚果布、赞比亚贷款超过其公共债务的一半。我们相信经济上工业发展滞后,并不一定意味着发展中国家不理解债务问题,每个国家都有自己的判断,他们选择的必然是对他国家发展有利的例子。国际社会应尊重每一个国家自己做出的选择。

习总书记在第二届“一带一路”国际合作高峰论坛开幕式致辞中讲,我们欢迎通过双边合作、三方合作、多边合作这些方式,让大家的优势和潜能充分发挥出来,聚沙成塔,“一带一路”最终目的是促进全球发展,让成果更好惠及全体人民。

我认为,把“一带一路”作为一种战略地缘政治的考量从学理上讲没有根据。从意愿上讲,也剥离全球的发展。“一带一路”就是一个经济的倡议。中国经济已经与全球经济发展密切相连,中国根本不可能通过自身的发展、自身的市场来推动我们自己的经济发展。中国没有其他的道路,只有通过全球规模的互联互通,全球规模的贸易合作,推动自由贸易的发展来推动中国经济的发展。与此同时,其他国家在共同推动“一带一路”建设的时候,也会获取自身的利益。因此,“一带一路”倡议也好,通过“一带一路”框架下的第三方市场合作也好,终究还是为了带动整个世界经济走出低谷。我们欢迎跟更多的国家在第三方市场合作的框架下进行合作,其中包括美国。

重振多边主义的活力：国际组织参与“一带一路”的现状、路径与意义（北京师范大学 张胜军）

在“一带一路”提出来以后，最大的稀缺物就是信任。我们面对的质疑太多了，每天都在面对，无论我们怎么说，怎么做，都不可能获得信任。我希望中国在和国际组织合作当中，不要一开始就追求信任，而要在合作过程当中达到互信，逐步积累我们相互信任的资本。这种互信不是一厢情愿的，而是要长期沟通，长期合作，慢慢积累。当然，在这个过程当中，我们特别要加强共同体建设。共同体的概念是超越国家的概念，它能成为我们的一个纽带，是为中国和国际组织合作增加互信的。今天上午一位讲者也提出来，我们慢慢来，我们追求Global GDP，这样能够把新的多边主义推向一个新的境界，中国和国际组织合作也能上一个新的台阶。

在推进“一带一路”倡议的过程当中，中国应该非常虚心加强和有经验的国家合作，特别是国际组织。他们专业性的技能，他们全球性的视野，他们的知识储备都可以弥补我们这方面的缺陷。中国不能够信心满满推广自己的模式，中国要把它变成一种标准化的世界性的模式才有可能推进“一带一路”。当然了，中国和国际组织合作还能够降低一些地缘政治的风险，这也是合作的意义所在。

开启中国与大加勒比地区双边关系新纪元（古巴外交部 鲁维斯雷・冈萨雷斯・萨埃斯）

中国的发展路径不仅是自己的成就，也是它与世界关系的转型。我们尤其强调了中国的崛起对于大拉美，以及大加勒比地区的重要意义，这是我今天演讲的话题。

我们看到中国正在重塑和大加勒比的关系。大加勒比地区包含中美及南美地区，“一带一路”倡议目前在这个区域一共有 13 个国家，8 个国家并没有和中国建立外交关系，因此我们更关注中国对于这些国家的关系。同时美国也进一步加大了对于北京的敌意，因为越来越多国家选择了跟北京建交，而不是台湾。

大加勒比地区如何进入“一带一路”地区,其实也面临一些批评,北京一直反驳这样的批评。传统的投资主要是 2014 年到 2015 年期间进行的,从 2015 年起,投资重点开始发生转移,最近几年中国投资更多在于电力、制造业,以及其他的基础设施行业。中国需要进一步改变投资策略在当地获得进一步支持。

在此,我跟大家来分享关于大加勒比新的经济理论。“一带一路”推动的是一种合法的整合,包括更好地使用多元化的资源,这非常有利于人类的发展,这可以进一步加强大加勒比地区的话语权,以及提高当地人们的生活水平和工资水平。因此,在创造更好生活的过程当中,我们需要一种互惠互利的关系,它必须是互惠互利的。我们要充分尊重当地的优势,在“一带一路”合作的时候,注意让当地发挥他们的相对优势,要让多方来共同进行参与,只有这样,大加勒比地区才会具有一种新的发展模式。它不仅能够形成经济方面的合力,同时能够实现社会的发展。

“一带一路”海外投资项目环境法律风险防范(上海社会科学院　彭　峰)

“一带一路”的海外投资风险主要是政治风险,其次是社会风险,再次是法律风险。

相对来说,中国企业投资较集中于基础设施建设及矿产资源,也就是自然资源的开发利用。但是中国的企业走出去投资这些项目可能发生东道国的环境资源的过度开采现象。况且,在以基础设施建设和自然资源的开发利用占比较大的情况下,也可能包括产能转移所带来的高风险、易污染的行业。

据美国基金会的统计,中国企业海外并购的失败案例从 2005 到 2014 年有 127 起,而且 2008 年以后失败案例是明显上升的。

我给大家分享一个案例,即美国地球之友起诉美国进出口银行及海外私人投资公司案。这个案件,它现在有两个组织,一个是地球之友,它也是原告方;另一个就是绿色和平。这两个 NGO 告美国的海外私人投资公司,因为美国海外私人投资公司海外能源项目的融资和投资担保导致了大量的二氧化碳排放,违反了美国的《国家环境政策法》中的环境影响评价制度,原告方主张被告要承担相应的法律责任。这应该说是在气候变化领域,由 NGO 组织推动的去诉金融机构的承担责任的首个案件。最后的结果是环保组织取得了胜利。

原告本身就是这两家环保组织，它去告美国的金融机构也并不是说为了阻止能源项目或者让它停止，而是要求私人投资公司在投资的时候需要计算出未来的每项计划可能对于气候造成的累计的影响。也就是说，在这个案件中间，我们其实可以看到，对于环境影响评价本身是有一个扩大性的解释。因为美国《国家环境政策法》第102条规定，对于显著影响人类生存环境质量的主要联邦行动，需要编写环境影响评价书。我们可以看到，它其实是对于项目的环境影响评价。

“一带一路”倡议的绿色与发展之矛盾——以非洲为例（摩洛哥穆罕默德五世大学 穆斯塔法·马什拉菲）

产业协会经常将发展视为人类征服自然的一个过程，这也使得工业的发展从根本上就站在了自然保护的对立面。对于很多欠发达的国家来说，他们应该先做什么呢？是先大力发展，还是遵循一条绿色发展之路？这就是我所说的绿色与发展之矛盾。在“一带一路”的背景下也是一样。

“一带一路”倡议的主要原则包括包容、协调、一致性和能力建设。我觉得绿色发展应该也可以加入这个基本原则当中。我们也知道“一带一路”五大目标，协调、互联互通、增进贸易、金融一致性，还有民间沟通，在这五大目标当中，绿色发展也应该包含在内，尤其是我们实施“一带一路”项目的时候。

要说到绿色“一带一路”，我引用习近平总书记2016年在乌兹别克斯坦的讲话，他说应该在进行投资和贸易的同时推动生态的保护，保护生态多样性，还有要去应对气候变化。在2017年习近平总书记说，应该去推动绿色发展的新愿景，希望生活和工作是更加低碳、更加绿色、可循环和可持续的。也就是说，我们在这个“一带一路”的倡议当中，也应该找到绿色发展的解决方案。

绿色“一带一路”需要建立在环保合作和绿色贸易的基础上。为了能够达到文明的生态发展还有可持续发展，我们也必须将环保的概念推广到“一带一路”的沿线国家。只有这样我们才可以实现建立人类命运共同体的目标。

现在可再生能源当中投入最大的五大国家，第一个就是中国。根据一项报告显示，中国在可再生能源上面的投入已经超过了所有其他的国家。根据过去十年的统计数据，我们也发现像摩洛哥还有南非这样的非洲国家，也在可再生能源方面投入很多。从这两个非洲国家身上，我们可以看到我们是可以实现绿色与发展的平衡的。

当然了，大家知道非洲的发展也面临很多的挑战，中国也有很多的经济发展的问题，比如说存款率过高、收益很低，还有产能过剩、人口老龄化等各种问题。从这个方面来讲，中国其实是可以和非洲进行互补的。未来 50 年中国的投资或者其他外商的投资应该去往何处，也是需要我们进一步探讨的问题。

债务陷阱还是贫困陷阱——对减贫发展中投资与融资的分析（上海社会科学院　施　楠）

哈佛肯尼迪学院两位学生在 2018 年 5 月提出的一个债务陷阱，这篇文章的影响力非常大，美国国务院、国土安全部门等在相应的一系列报告中做出回应。西方的媒体也都围绕债务陷阱这个题目提出“一带一路”真正的意图，以及治理“一带一路”特别是在融资可持续性问题上的风险等。

这篇文章的主要结论是中国为了实现战略性的目的，向无法偿还债务的国家提供了上千亿美元的贷款，当这些国家陷入债务危机的时候，借此获得这些战略性的资产或者目标。文章主要梳理出中国通过“一带一路”债务陷阱的三大目的：一是“马六甲困境”，向南亚贸易路线投射力量；二是分解美国领导的对抗中国的区域联盟；三是为了允许中国海军推进到第二岛链外的太平洋蓝水。

这篇文章关注的是意图，但是忽略了三个事实。第一，“一带一路”已经取得了丰硕的成果。第二，“一带一路”的潜力是非常巨大的。第三，通过模拟预计，2030 年“一带一路”能够提升世界收入大概 0.7%的水平。“一带一路”可能是使 870 万人脱离极度贫苦，3 400 万人脱离适度贫困。

如果说“一带一路”开展过程中有相关陷阱的话，我觉得更重要的是贫困陷阱。“一带一路”对于如何解决贫困陷阱而言，有巨大的现实意义。

贫困陷阱概念最早是 1950 年代提出的。目前为止，学术界最出名的对于贫困陷阱的研究者主要是世界银行的专家 Jeffery Sachs。他认为贫困陷阱由两个原因造成。第一，储蓄不足，因为生产性的需求占了贫困国家收入大部分，难以积累起资本。第二，人口陷阱，因为人口增长远超过储蓄增长，也会导致发展不足。

西方关于贫困陷阱理论有两派，一派是大推动理论，一派是吸收能力理论。这两种理论是两种竞争的理论。

我们不应该把自己放到陷阱当中，而是应该利用这样一种优势帮助自己摆脱这种贫困的陷阱，发挥中国在发展上、制度上的经验和优势。

东盟在“一带一路”的作用（印度尼西亚科学院　印吉安娜·卡蒂尼）

《2025 东盟互联互通总体规划》有五大重点，即数字创新、无缝物流、人员流动、可持续的基础设施建设和规范的执行。这五大重点其实和“一带一路”的五大目标非常相似。因此，东盟对“一带一路”有怎样的回应呢？ADB 宣布在 2016—2030 年，东盟基础设施需要 2.8 万亿美元的资金支持；2016—2020 年，东盟基础设施经费还有 2.4％的缺口。所以东南亚区域“一带一路”对于基础设施的投入，也是东盟国家实现 2025 互联互通总体规划的重要一环。互联互通总体规划其实和“一带一路”是相辅相成的，有共同的目标，共同关注的都是交通的互联互通。

在东盟国家，已有一些“一带一路”的项目正在落地实施。

首先是缅甸，缅甸一个深海港已获得了 13 亿美元的支持。中国是柬埔寨最大的投资商和贷款方，同时也是融资来源。因而对柬埔寨来说，中国的支持援助对其经济发展至关重要。在马来西亚，“一带一路”是中马外交的一部分。马来西亚的议会和政党支持“一带一路”。2018 年，穆罕默德总理成为马来西亚新领导人，他就“一带一路”项目进行重新协商。在泰国有铁路等非常好的项目，这对中泰互通益处极大。此外泰国一个经济带还获得了 440 亿美元的资助。越南在 2017 年也加入了“一带一路”，中国也帮助当地政府进行了基础设施的建设。老挝有一个中老高速的项目获得了 59 亿美元的资助。菲律宾由于南海冲突的问题，因而“一带一路”建设进程较缓慢，它是东盟中最后一个加入亚洲投资银行的。

在印度尼西亚，我们对“一带一路”持欢迎态度，因为它能更好地优化我们基础设施建设。同时我们也会面临社会和政治上的挑战，尤其是在国家内实施

“一带一路”项目的执行力。我们需要考虑到是否有更多依赖性,以及对当地劳工的雇佣。

大部分国家都跟中国建立了双边关系,越来越多的国家积极和中国沟通。我们也希望建立良好的双边关系,用更加积极的方式能够达到一个双赢。加入“一带一路”方针,我们能更好地沟通、更加充分地利用双方的能源。

同时针对“一带一路”项目,我建议应由主方国进行管理,使项目能够更好地本土化。此外多用本地的劳工,这也可以缓解中国工人和当地工人的关系。

“一带一路”投融资国际合作的思考(中国宏观经济研究院　刘翔峰)

整个“一带一路”是完全开放式的,是走向共同繁荣的、包容的经济合作的形式。

首先,“一带一路”已经形成了一个复合型的基础设施的网络。中国 40 年的高速增长,得益于改革和开放。改革是什么? 我们一直在不断地降低我们的制度成本,一直在降低各种商品、人力流动的障碍,因而才激发出了很大的生产的活力。各国区域性合作其实也是在创造这种自由流动的市场。

其次,基础设施面临着巨大的投、融资的需求。相比于公共债务的增加,这一块缺口还比较大。截至 2018 年,中国金融机构为“一带一路”的投融资建设提供的资金超过 4 400 亿美元,但还是存在庞大的资金需求。据亚投行测算,在 2016—2020 年仅亚太地区的基础设施的投资需求每年大概是 500 亿美元,所以缺口大概是 3 000 多亿美元。

第三,“一带一路”的大量基础设施建设,是一个国际的公共产品的提供。作为一个巨大的系统工程,其建设资金大,项目生命周期很长,资金缺口也很大,另外还有涉及的风险,包括政治风险、法律风险、社会风险、经济风险以及其他风险。

在“一带一路”投融资上面临着很多的挑战。我们在投融资方面也出现了调整。习近平主席在第二届“一带一路”高峰论坛说欢迎多边机构共建“一带一路”,多方参与,共同收益。2019 年 4 月,我国发布债务可持续性分析的框架,对“一带一路”融资合作提供指南,以实现高标准、惠民生、可持续的目标。我们现在提出的“一带一路”的建设,需要符合市场规律和对接国际规则两项原则,另外，要根据项目条件灵活运用多种的融资工具。

我们也在做相关的研究，包括对世行、IMF、G20 的融资标准和融资原则的研究，深入挖掘我们可以进行哪些国际投融资方面的合作。也就是说，基础设施建设主要倚靠东道国的力量，外部力量是作为友谊补充的，要有利于东道国当地的可持续发展，还有环境保护、就业等，都要进行统筹的考虑。

在“一带一路”的国际合作上，要坚持几点重要原则。第一是高质量发展，第二是可持续性发展，第三是发挥市场的主导性，第四是对接国际规则。

廉洁之路与营商环境建设（国务院发展研究中心　刘　勇）

腐败和营商环境密不可分。世行的营商环境是指政府政策所营造的从开办到破产全过程的企业运行环境。按照法治化、国际化、便利化来说，如果都能实现，整个投资环境将是非常理想的，但是很可惜这过程中间会出现很多问题。好在中国是严格按照世行的营商环境指标来评价的。2019 年中国营商环境取得巨大成就，上升了 32 位，现在已经进入全球的前 50 位了，成绩取得很大。在中国叫作“放管服”，核心就是证照分离。中国作为发展中国家，的确很多东西需要向发达国家学习，通过引进一些国际惯例，加强沟通，比如采取联合的监督、加强透明度等。

要推动全球化和“一带一路”，廉政建设更加重要。“一带一路”建设有三个主体，其中廉政是一个主体。在廉政建设这块，习总书记说了五通，这是非常好的廉政建设的措施，如果都能按照这个来做的话，廉政建设是没有问题的，当然具体情况很复杂。中国的市场经济也是刚刚开始，“一带一路”整个国家很多发展也不一样，情况很复杂，会面临很多具体环境。坚持五通，应该说对廉政建设是一个制度保障。

以下是我对廉政建设提的三点建议。

首先是限权。中国现在也在进行改革的实验，有效地减少政府对经济的干预。中国有 40 多个政府部门，分别具有决策权、执行权、监督权，大家各行其职，这样政府权力就有限了。

其二是督权，包括舆论监督、社会监督等。这方面我们还有很多工作要做。简单一句话来说，中国的反腐败还有很多经验，我们要把这个权力放在笼子里面，把它管起来。

其三是亮权。这在国际上运作起来有一定难度，但是通过政府的沟通，应该有很多方面可做，一个是透明度，其次是公众知晓权，能够保证的话，通往廉政之路将会风清气正，达到我们的目标。

通过跨境基础设施发展打破壁垒，推进可持续的城市化发展

（印度尼赫鲁大学　希拉旺·阿查里雅）

我们知道中印目前还有很多边界问题和冲突，我认为"一带一路"也是需要打破一些壁垒和障碍的。

我们必须要在城市提升运营的环境，打造更好的基础设施，而且要相互合作，这样经济才会繁荣。大家认为"一带一路"是平台，其实"一带一路"也是一个非常物理的概念，它占据了一些空间。如果我们对城市不做很好的规划，可能会造成一些非常负面的环境影响，也没有办法建设很好的基础设施，或者是提供很好的水资源和公共设施。我建议在"一带一路"框架下的国家，尤其是在边界地区需要有一个开放的态度、合作的态度，来解决双方面临的共同的问题。在谈"一带一路"倡议时，我们需要打破边界，因为边界会带来很多冲突。丝绸之路是贸易的通道，但是也促进城市间的合作和交流，不仅在经济方面，而且要有文化的交流。

我还想谈一下可持续发展的城市化。边境是边远的地区，但是可以看到印度有些边境地区的发展也是很快的，而且人口密度也在增大，因此不能忽视其中城市化的进程。我们希望能在城市化方面做到弹性化，同时在数据搜集、分析以及研究方面，我们也可以做很多的合作，没有这个数据库就没办法做相关的分析。目前当然有一些安全方面的考虑，可能给我们带来一些限制，但是我们需要向未来展望。所以"一带一路"也需要考虑边境方面的布局，取得规模效应，促进城市化的发展。

中国和印度已经有着双边的合作，随着合作增加，我们会有更多的合作模式。关于边界，我们可以进行跨界合作，提供更多合作模式和机会。这并不是非常容易实现的，所以我们需要跳出原有的思维，以更加创新的方式来进行合作。

营商环境“一带一路”：东盟的视角（新加坡国立大学　赵力涛）

“一带一路”10个最大的贸易伙伴国中，6个是在东盟国家。现在中国银行在24个“一带一路”国家设立了100多个点，其中最多分布在新加坡、马来西亚、印度尼西亚、泰国。所以中国对于东盟的“一带一路”非常重要。

营商环境怎么定义有不同的测量方式。一个较常见的是世界银行的Measuring Business，它主要根据十方面的情况来测量做生意的难易程度，特别是从商业运作的角度。像新加坡经济最发达，它的指数最高，而经济最不发达的像缅甸、老挝得分是比较低的。另一个较常见的是Economist Intelligence Unit，它有11个指标，虽然指标用得不一样，但是排序都差不多。总结一下，在东盟国家内部，营商环境的差别其实较大。新加坡基本上是领先于其他国家，第二个梯队是马来西亚和泰国，接下来是印尼、菲律宾还有越南。经济最不发达的三个国家柬埔寨、缅甸、老挝还有很大的追赶空间。

在东盟国家之外，中国和日本的经济竞争有可能会对东盟国家的营商环境起正面的作用。中国在过去20年对东盟的投资贸易提升非常快，但和日本比较起来是一个后来者，日本战后一直都在东盟有布局。中国和日本的竞争对东盟国家来说是个好事，因为一个方面是让他们有更多的选择，另一方面，中国也可以借鉴日本在东盟的经验，互相借鉴学习。

另外，一个全球性的因素就是全球价值链正在重新调整，这也是影响营商环境的重要因素。和美国的自由开放不太一样，东盟重点放在和平、稳定还有繁荣，此外东盟也有点怀疑美国的印太战略。东盟从战略上不想选边站，不想参与到中国和美国的对立当中，这对中国的“一带一路”项目来说，既有很多的机会，也有很多挑战。现在东盟的政治稳定，经济增长这几年表现非常不错，是一个潜在的巨大市场，对中国投资来说非常有利。

“清廉中国”法治体系建设中国智慧与对世界的贡献（上海社会科学院　魏昌东）

“一带一路”在发展的过程中，不仅面临着开放的问题，也面临着环境绿色和廉洁、廉政的问题。因此，我想与大家探讨中国法治体系建设中的中国智慧与对世界的贡献。

腐败是一个具有普遍性与悠久历史性的话题。人类与腐败进行了长期的斗争，并将继续进行斗争。在现代化的进程当中，腐败在危害性、隐蔽性和规模性上，都产生了巨大的变化。

在新中国成立之初，中国取得了伟大奇迹。在首次面对腐败的过程中，我们用了一年时间战胜了现代化进程当中的第一次腐败。改革开放之后，在新的历史时刻，中国走向法治国家的进程，通过不断地完备法治、健全法治，取得了决定性的胜利。中国回答了在法治资源不完备的情况下为什么需要法治，需要何种法治，如何提升法治，如何建构良法、如何厉行法治等问题。这些问题也成为了中国特色社会主义发展经验的重要组成部分，是中华民族对世界清廉国家建设的重要贡献。

中国特色的腐败治理的立法体系建设在发展过程中，有一个突出特点，即二元式的法治体系建设。在二元式的法治体制当中，党内法规起到了非常重要的作用，它以极低的腐败容忍度，建构了系统完善的法治体系，对国家立法体系的建设起到了导向和前提作用。在党内法规的基础之上，国家立法得到了进一步完善，从单纯强调惩治立法，到不断地强化预防性的立法。在十八大之后，中国强力推进不敢腐、不能腐、不愿腐的法治体系建设，从而带给中国一个新的清廉社会的开始。我将在清廉中国法治体系建设中所展示出的中国智慧归纳为六个方面，基于时间关系，我仅介绍其中两个方面：

第一，中国共产党明确在世界政党当中，唯一提出了腐败生死观的理念。所谓腐败生死观是指中国共产党认为，腐败有可能给党和国家的生存带来直接的危机、危害。

第二，中国智慧集中体现在治国必先治党，治党务必从严的立法策略。在中国特色二元式腐败治理的立法体系的建构中，党内法规的体系非常健全，而且引领着中国立法的发展。

“一带一路”倡议中经济节点与基础设施走廊的关系（南非人类科学研究院　伊万・图罗克）

非洲的城市化在不断发展，人口增长急剧，城市人口的增长在未来的30年将会有3倍的增长，每年的增长率是3.7%。而我们有78%的居住房屋是野蛮生长的，没有做很好的规划，因此，造成了很多贫民窟的情况。南非城市化发展非常快，但结构化的变革有所欠缺。而整个非洲在这方面的情形可以说是非常不平均的，有的国家不能充分预期，最后城市化完成以后，生活水平反而更加糟糕了。当然这是不同国家的不同发展进程，每个地区有不同的特征。

拉丁美洲、亚洲等地区寿命变化也是非常明显。与中国相比较，非洲国家的人均寿命是下降的。有人觉得应该停止城市化，有人觉得应该集中资源，进行其他方面的发展，而不是城市化。如果上层政策或者决策层觉得应停止城市化进程，下面的基础设施建设这块肯定也不能得到非常好的支持。不同地区之间会存在着发展不平衡的情况，如果这个区域非常脆弱，不能吸引足够的海外投资，他们的资源，他们的人力在这方面就不会起到非常重要的作用。

另外，消费的提升和刺激也非常重要。比如在城市之间，我们可以创建功能性的环境，通过有效的针对性的营商环境，促进投资的提升，还有土地资源也要进行非常好的管理。土地资源的合理利用，能够帮助提升整个城市发展的规划，不仅仅只是工业化这块。

要进行城市化，需要考虑到经济环境，还要考虑到社会环境。土地资源能够创造的价值。在生产与消费之间进行更好的连接，更好的协调，这些都会对当地经济起到非常好的促进作用。所以，自给自足的可持续的模式，能够创建非常好的良性循环，创建更多的价值。

“一带一路”框架内我国企业合规的刑法依据与模式选择

（上海社会科学院　涂龙科）

中国企业走出去面临很多风险，可以分为两个方面。第一，法律法规监管风险。企业走出去有可能会面临在东道国有关外资准入、贸易管制、国家安全审查、行业监管、反垄断申报等方面的法律法规的监管要求，包括反倾销补贴、反垄断限制出口条例等，或者境外机构管理和运营涉及的法律法规，比如环保、数据保护、知识产权保护等。第二，业务推进的具体过程中会出现相关的风险，如招标、采购等，如果合规没做好的话，会出现很多问题。

一旦出现问题，会带来非常严重的法律后果。中国近几年来出台了多个规范性文件。2015 年国资委专门印发了文件,要求中央企业建立合规管理体系。2016 年开始在中石油等 5 家中央企业开展了合规管理体系的建设试点工作。2017 年 5 月,通过了关于规范企业海外经营行为的若干意见,明确要求要加强企业海外经营行为的合规制度建设,形成权责明确、放管结合、规范有序、风险控制有力的监管体制机制。2018 年 5 月,对企业的海外经营、海外投资的行为合规提出了具体的要求。

接下来我想从全球视角谈企业刑事合规的态势演变。这点美国的企业合规做得非常有力度,而且也是比较早、比较主要的推动者。美国 1977 年制定《反海外腐败法》,这是全世界范围内第一个反腐败的法律,它把企业合规的行为分两个方面,企业已经实施了犯罪行为,先考察企业是否合规到位。如果尽责做了合规可以避免刑事责任,如果没有做到,一旦出现犯罪就承担刑事责任。第二阶段是 20 世纪 90 年代,因为美国的推动和各方压力,欧洲国家也开始建立企业反腐败的公约,如《国际商业交易中反对腐败宣言》《OECD 贿赂公约》。

“一带一路”境外经贸合作区的营商环境优势——以东盟为例(上海社会科学院　彭　羽)

2018 年,全世界有 147 个国家拥有 5 400 个特殊经济区,这表明越来越多的国家是通过特殊经济区的形式促进经济发展。5 000 多个特殊经济区当中,发达国家只有 300 多个。这是因为发达国家的营商环境普遍比较好,他们更加关注的是公平,而不是通过政策的优惠促进某一个特殊经济区的发展。而发展中国家营商环境的水平普遍偏低,所以需要通过特殊经济区扩大市场的开放度,主动创造更加优良的营商环境。

跨境经贸合作区营商环境的优势体现在哪些方面?第一,它意味着更高程度的投资和贸易便利化。一些国家的营商环境不够友好,通过特殊经济区可以建立更好的投资和贸易便利化环境。第二,特殊经济区常毗邻海港和空港,物流、运输比较便捷。第三,它可以产生企业的空间集聚效应,在特殊经济区里面实现有限企业的集聚。第四,它实行土地和财政税收等组合型的支持政策。最后,它可以通过特殊经济区的专门立法,保证投资环境的稳定性。

东盟十个国家 FDI 的流入保持了非常快速增长的趋势,尽管全球 FDI 不是很稳定，但是从东盟来讲，总体上比较稳定。2017 年，吸引 FDI 已经达到了1 370亿美元，同比增长了 12%。再来看东盟国家当中吸引 FDI 的情况，其实最多的应该是印度尼西亚、新加坡、菲律宾、马来西亚和越南。越南作为东盟的新四国，发展特别快，它占了整个东盟新四国的将近 70%，尤其现在中美贸易摩擦的背景下，流入越南的外资更是同比大幅增长。

东盟国家特殊经济区分几个类型，比如高收入经济体的特殊经济区，关注的要点更多的是跟知识经济有关的科学园区；中高收入经济体以马来西亚为例，重点关注的是高科技行业，还有高附加值的行业，比如研发、生物技术等；中等收入经济体如泰国、菲律宾等，它关注的是汽车、电子等制造行业，以及服务业里面的 BPO 业务流程外包和呼叫中心；还有一种是低收入经济体，以东盟新四国为例，比如越南、缅甸所关注的是初级制造业，是低附加值的劳动密集型的行业。最新的趋势是东盟各个国家的跨境经贸合作区之间形成了合作分工，这背后是日本、韩国，包括美国的跨国公司所主导的区域价值链的形成。

第二专场　青年汉学家上海论坛

演讲实录

西方中国学的三次视角转换:以哈佛大学为例(中国社会科学院历史理论研究所研究员　张冠梓)

我于2008—2009年在哈佛大学肯尼迪政府学院访学时采访了哈佛大学47位中国问题专家或者研究过中国问题的专家,回来出了一本书《哈佛看中国》,此书系统、全面地梳理了在哈佛大学研究中国问题或者和中国问题有关专家的基本情况、基本观点。哈佛大学是研究中国问题的重镇,它研究中国问题的时间之早、持续时间之长、队伍之庞大、涉及领域之宽泛,在西方高校里数一数二。

在写书的过程中我感觉到海外中国学是历经了变化的,哈佛大学的三个机构可以明晰说明西方研究中国问题的转移。第一个机构哈佛燕京学社是1928年设立的。当时中国处于军阀割据的时期,国内有了巨大的变化,但是国家不统一,政治上纷乱,经济上也比较凋敝。这时西方学者对中国怀有极大的兴趣,主要表现在对中国的历史文化有着浓厚的兴趣。哈佛大学当时选择了几个学校,给予了不同程度的资助。和燕京大学的交流是重点,形成了深度的合作关系,成立了哈佛燕京学社,主要研究哲学、历史,这个机构培养了中国包括大中华圈在内的大量的专家学者。如果把哈佛燕京学社中国学者的名单排成一个队伍,你会发现几乎中国所有比较牛的学者都在那个地方有足迹。这是第一阶段。

第二阶段,1955年成立的哈佛大学东亚研究中心,首任主任、所长就是费正清,目前该中心仍旧有很多研究中国问题的专家学者。新中国成立后,特别是抗美援朝战争的结束,中国的影响力在西方国家经历着巨大的翻转式的变化,使得西方学者开始对中国的政治、现实问题发生了浓厚的兴趣,直接导致了中美关系的变化。包括费正清本人，还有研究中心里面的一些专家，都对推动中美关系的变化起到了基础性的潜移默化的作用。

第三阶段，1997 年哈佛大学亚洲研究中心建立。实际上我去访学的那一年，北京在办奥运会，美国在总统选举，能感觉到政治碰撞的激烈。哈佛大学中国问题研究又发生了巨大的转向，就是综合研究。研究中国专家的队伍涉及方方面面，中国学者的身影也经常出现。不仅是中国的传统历史文化，对中国的现实问题比如说公共卫生、环境问题等，都构成了哈佛大学对中国问题研究的全视角。

这三个机构的成立和成果的发布，非常有趣地反映出西方在汉学研究领域的微妙变化，这个变化和中国自身的变化有关系，和西方根据中国的变化带来的新的研究视角的变化也有关系。

70 年变与不变中的海外中国学及研究(北京大学海外中国研究中心教授　梁　怡)

海外中国学研究，指国内学界对国外有关中国当代哲学社会科学研究成果的再研究。中国学与国外汉学有联系也有区别，特别是“二战”后出现的中国学，以研究现实中国问题为主，与此同时我们国内学者对国外相关研究情况的搜集和分析也就随之开始了。而真正称得上有组织的学术分析是 1949 年以后，大幅度快速全面发展是在中国改革开放 40 年间。新中国 70 年来国外中国学研究的情况大体可以分为初始、沉寂、勃兴、发展四个阶段，外界关注新中国的热点，随着时间的推移由侧重对中国近代社会和民主革命时期的研究，逐渐向新中国成立后的社会主义革命和建设时期，特别是改革开放以来当代中国的研究，集中出版了大量有影响力的文献资料和研究专著。另一方面国内学界追踪外部研究动态著作和资讯，开展专项研究、预判国外中国学发展趋势，取得了相当的进步，研究任务也越来越繁重，因此梳理好 70 年间国外中国学的情况和国内学界开展中国学研究的进程，厘清其中的变与不变，对规划新时期中国学研究工作有非常积极的学术价值和现实意义。中国学在世界范围内发生的变化主要体现在这样几个方面。第一，研究的地域呈现扩大的趋势。第二，参与研究的成分趋向多元。第三，研究领域间的界限在弱化。第四，跨界研究呈现明显的趋势。第五，研究队伍需要角色的交换。第六，工具和手段在更新，便利了全球范围内中国学界的交流与协作，也带来了泥沙混杂的情况。以上是第一方面。

第二方面，它有什么不变。关注中国的目的没有改变。外国人关注中国、研究中国目的不同，有政治、学术、好奇心、旅游兴趣的，但是就中国学而言，它是带有很强意识形态成分的领域，研究中国的出发点始终没有变，它以服务现实需要和制定本国对话政策为目的，与所在国的国家利益、意识形态、地缘政治几个基本点以及国际战略和视野格局的影响密切相关，这样的出发点在当下依然没有变。

第三方面，认清中国学的发展趋势，做好新时代中国学的研究。第一，新时代中国学的研究工作要有一些调整，增加研究功能，主动讲好中国故事。第二，调整交流方式。中国学研究领域的交流是内外兼修的，要高度关注海外青年中国学者的趋向和关注点，因为他们是和我们实现中国梦过程的重要群体。第三，提高研究质量。在平台扩大的情况下研究成果的展示和推出近年有很大的变化，但是有一些不规范、不严谨的地方。第四，扩大成果的效益。国外研究中国学还是小众研究，在国内被普遍关注的程度还是有限的。这和中国学自己领域里的作为程度还是有关系的。

新时代中国学研究思路的提升，一方面要合力打造中国学研究新平台。第一，加强追踪评述中国学的力度。第二，主动讲好中国故事。第三，建设有合有分的研究平台。第四，培养跨文化的研究队伍。第五，做好汉学研究和中国学研究整体顶层设计。另一方面要在不同领域开展好中国学研究，一是根据单位和个人的研究传统和积累建设特色研究机构和研究团队。第二是开展好中外合作与研究，在合作当中促进相互的理解和成果传播。第三是讲好不同层面、不同领域、不同行业的中国故事，助力具体单位推出精品成果。第四是重视各领域基础性的研究和史学史建设。

佛教与丝绸之路研究的回顾与展望（浙江大学教授　孙英刚）

近代佛教史的研究基本上是近代学术的产物，最早开始做是西方学者，但他们在做中国佛教史研究时首先预设了一个立场，设定了一个纯洁的最初版本的佛教。沿丝绸之路进入中国,受到沿途文明的感染,到中国以后又受到中国文化的感染,最后变成了一个复杂的混乱的佛教,是退步的佛教史。最初集中在佛典的翻译,很多学者研究的目的是想从中国找寻资料印证或者寻找最初的版本。到了20世纪以后,随着一大批杰出汉学家的出现,佛教史研究通过大量的文献梳理和最新考古资料,已经扭转了这个概念。不存在所谓最初的佛教,佛教是不断变化的体系。

佛教在进入中国之前实际上并不是所谓印度的发明,它是非常漫长的反复酝酿的过程。佛教真正产生于大概公元前6世纪到公元前5世纪,但真正传入中国是公元2世纪,顶多推到公元1世纪,中间六七百年佛教根本没有传入中国。六七百年时间怎么从地方性的信仰变成了世界性的宗教被中国接受,这个过程是很复杂的。佛教是多重文明共同的结果,是人类文明的遗产。里面有很多文明元素,有印度、伊朗、中国文明,从3—4世纪以后如果纯粹以历史学的眼光来看,佛教已经以中国为中心了,如果以文明体来论,并不存在一个所谓的文化母国。到现在还说佛教是一个外来宗教,其实这是不对的。

拿梵文的文本印证汉文佛经,从历史学角度来看这个做法是错误的。现在能看到的梵文文本,最早超不过10世纪。中国早期的汉文佛经,是最接近原点的。现在非常多的学者尤其是一线的学者都集中研究中国早期的汉文佛典。我们要重新审视早期的汉文佛教文献,这部分才具有权威性。

这个研究的意义,不单单是解决所谓的佛教史的问题,其实是一个重新再认识中国文明的过程。中国文明是一个最开放的文明,在整个人类文明史上没有像中国文明这么开放的,从开始就如此开放,比如说佛教传入,系统地接受它的冲击,然后再重新把它改造变成中国文明的一部分。如果要重构中国所谓的学术话语系统,叙事的模式要变,另外,各个具体的学科要全面地和国际学界对接。

中国学学科何以可能?——规定性、描述性和印度学的一种参照(上海社会科学院世界中国学研究所博士研究生　王　菁)

中国学学科建设的共识,第一,有没有必要成为一门学科。这是毋庸置疑的,无论是汉学学科的延续,还是回应学术和现实的双重挑战。第二,它是否已经成为一门学科。答案是它虽然呈现出很多学科建制的表现,但还不是一门学科。为什么还没有成为一门学科呢？第一，客观上来说它在学科门类体系中没有一席之地。第二，中国本身的庞大和复杂性。第三，对于庞大的研究对象的研究不可避免地延展了它本身的复杂性，导致研究的范围很广，理论方法很多。

我想从描述性、规定性的角度，为解决这个太大的问题提供一种思路。关于中国学的规定性就是指中国学是与非的问题，即什么一定是中国学，什么一定不是中国学。描述性是指对现在公认的中国学学科成果进行一种归纳，在规定性的基础上描摹什么一定是中国学，什么可能是中国学，广纳关于中国学研究的新思路和新方法。对于什么一定是中国学，我只是对前辈学人的研究进行梳理，比如说中国学应该关注的问题。李学勤先生提出国际汉学研究应该关注六大问题，他从学术史、比较文化、比较文学进行研究的，这一定是中国学。什么一定不是中国学呢？也形成了一定共识，比如中国学一定不是单纯的文献综述，一定不是或者一定要避免为新而新，或者新瓶装旧酒。更重要的是中国学一定不再限于被动地作答，而是在平等对话基础上主动引领议题，这是对于学科未来发展的方向和使命做出的规定。

第二个角度，回应太特殊的问题。以国家命名的中国学是不是太特殊？在这个问题上我们考察了中国学的前身，也就是以国家＋学。英文构词上有印度学、伊斯兰学、埃及学等，国家＋学的模式是普遍的。如果要在中国学外寻找另外一个特殊的国家＋学，印度学应该首当其冲。印度与中国在学术上有很多相似性，比如中国学中有汉学和中国学之争，印度学中也有侧重于印度古代研究的印度学和侧重于现当代的南亚研究。同样印度学在世界范围也形成了相当的研究规模，并且在积极构建国家级的学术对话平台。

因此我认为在考察印度学学科建设以及官方对于印度学平台构建方面，可以让我们在聚焦和热议中国学之外看到另一个被聚焦的印度学，由此也化解了中国学太特殊的问题。考察印度学和世界印度学也是为了让我们在文明互鉴中更好地推动中国学的建设，更好地把握中国学与中国、世界的关系。

中国海洋史学在西方的演变（美国布兰迪斯大学教授　杭　行）

中国海洋史学在美国50年的发展一直受到费正清教授框架的影响。他的框架把中国分成二元体系，即海洋中国和陆地中国，海洋中国开放、包容而且非常务实,主要是进行商业活动和与外面的连接。与此相反的陆地中国,是以北京为中心的帝国皇权,闭关锁国、专制,而且非常注重农本经济,排斥与外面的联系。之后的一二十年中,二元体系起到了非常大的作用,他同时代的学者以及他的学生都按照这个框架来描述中国。当时在美国的中国学者基本上得到的结论就是海洋中国被陆地中国束缚,无法向前发展。

到了 20 世纪 70 年代末,尤其是进入 80 年代,情况发生了一些变化。这些学者一方面继承费正清海洋和陆地的框架,一方面开始把海洋中国作为一个主体来看待。海洋中国不仅受制于陆地中国,也有自己的主动性和发展的逻辑。到 90 年代,卫思韩教授对研究中国海洋史起到了非常关键的作用,根本上对费正清的二元体系进行了挑战以及做了调整。在他的观点里,陆地和海洋中国不仅是对抗的,不仅是单方面影响的,实际上是互相渗透、互相影响,也互相竞争。欧阳泰在很多方面坚持了卫思韩的方向,他得出的结论是中国和西方在 17 世纪通过台湾战役证明了两个不同文明、体系是不分上下的。

最近的代表著作,有一些共同点,即很多学者开始研究浙江以及东北、辽东海岸的贸易活动。中国海洋史开始跨学科和别的中国史进行交流,包括中国边疆史、加州学派、华南学派,还有欧洲、亚洲的学者都开始进行了学术互动。总之,中国海洋史已经开始走出了费正清的二元框架,更加融入了陆地因素,也纳入了区域史、国际史,跨越了学科的领域。

当代国际秩序与中国对外关系研究综述——以近五年来北美期刊中的相关文章为例(上海社会科学院世界中国学研究所 刘 晶)

20 世纪 40 年代费正清提出以朝贡体系来阐释 19 世纪以前中国的对外关系。但是近 30 年来开始强调动态、交互和多样化的东亚关系。随着 21 世纪中国国际影响力的增强,一些西方学者开始研究传统中国的对外关系,并以此反观当今局势,认为朝贡模式将使中国有机会以更为和平的方式重塑以西方为中心的国际秩序,代表作是南加州大学国际关系学家的论著《西方之前的东亚》。《当代中国》和《哈佛燕京研究》讨论了朝贡体系理论在国际关系理论的复兴,国际关系学家希望从历史经验当中寻求解释和预测当前中国崛起的模式,历史学家则对朝贡体系的本体构建，是否准确地描述和解释历史事实，是否可以用于研究当今局势等问题进行了探讨，并认为应当关注历史事件的历史情境。更多研究者着眼于中国与现有国际秩序的关系以及这一情形可能出现的改变。有的学者认为中国崛起有可能发展出军事对立，但也有学者认为中国只是国际秩序的修正者，虽然特朗普政府将中美贸易战升格为多方面冲突，但相互依存将继续支撑两国之间的关系。这些争论的焦点是中国的崛起以及历史经验和现有国际秩序之间的关系。

这一关注点也体现在近年来对中国外交政策的具体研究上，首先是近年来中国对外政策的转变、特点和内涵。例如有人认为中国外交从邓小平时期的韬光养晦转变为奋发有为，提高对外吸引力和影响力是中国积极参与并试图改造国际机制的表现。但也有人认为中国现在的外交策略并非清楚定义，而是处于过渡阶段。有的学者强调了近年来中国外交政策可以改变的原因。从具体措施而言，学者们重视中国以何种方式进行区域整合，扩大对外影响以及其他国家对此的反映，首先是“一带一路”倡议的作用影响以及参与方的回应与分歧。肯定“一带一路”倡议给中国及周边带来积极影响的同时，有学者提出目前面临的问题以及解决方案，认为需要将“一带一路”融入现有的国际经济合作框架当中，还注重分析参与者的互动与回应及其造成的影响和挑战。

最后研究者对中国在国家与领土安全问题上和其他国家的对立冲突给予了特别关注，他们重视中国处理国家安全问题的新特点和影响因素。对外关系视角下的领土主权与国土安全问题，尤其是海洋与岛屿问题是重点研究的对象，学者们对南海冲突、中印海洋竞争等问题予以特别关注。一些学者从历史角度研究现在的问题，还有不少学者立足当代，对现有的海洋冲突的特点、原因、趋势以及复杂国际背景进行了分析。有学者认为虽然南海地区目前的紧张关系仍将持续，但发生重大军事冲突的可能性很小。

2000 年以来日本上海史研究综述（上海社会科学院历史研究所研究员 葛 涛）

日本上海史研究会自 1990 年成立以来一直到目前为止，在日本上海史研究中发挥着指导性的作用。

主导上海史研究会的学者,第一位是古厩忠夫,20世纪80年代中叶曾经担任过上海社会科学院历史研究所访问学者。中日战争时期沦陷区社会的灰色地带理论,这个不是他首创的,但是他把这个理论进行改造,应用到沦陷区社会的解释方面,这是他主要的学术思想。第二位是高纲博文,他是日本大学教授,贡献主要是积极推进与中国学术机构学者的学术交流,发扬了灰色地带的理论,在近代上海日侨社会战后研究方面成果丰富,最近致力于华中振兴株式会社的研究。日本上海史研究会2000年以来的主要学术成果有《上海职业》《上海多层网络》《写真史料集》《上海史研究》《上海的战后》,等等。日本上海史研究的特点。第一,到目前为止日本上海史研究主要还是在灰色地带理论引领下的近代上海日侨社会的研究,还有战时上海的研究。第二,重视团队研究。第三,国际合作。第四,成果丰硕。

最后说一下当下日本上海史研究的挑战和机遇。现在中国学术界、日本学术界、欧美学术界上海史研究都远远比不上它的全盛期。第一,从上海史研究会走向了多元和分散,但是指导理论现在还没有更新的出来。个体研究比较多,现在年轻学者是另外一种风格,完全不依附于学会,自己独立地开展研究。第二,年轻学者的缺失。为什么会造成这个问题呢?研究方向和理论转换发生了困难,日本上海史研究和高纲博文他们这一代人是分不开的,问题是现在已经过去三四十年了,这个研究已经不能为新的日本学者所满足,他们必须要有新的突破。上海史学界是相对萧索,但是日本社会对上海的关注度依然很高。日本上海史研究再度兴起很有可能在某一个节点突然就冒出来了,因为基础还在。

如何看待域外汉学研究(华东师范大学副教授　吴原元)

国内关于域外汉学有三种观点。第一,有些汉学家连中文都不懂,怎么能够懂得我们的历史文化,他们的研究都是门外之谈。第二,域外汉学可能有一些价值,但是中国已经到了要建构自己理论体系的时代了,我们的重点更应该是建构自己的理论体系。第三,国内搞的域外汉学研究纯粹就是自我殖民。今天如何对待域外汉学?要理解这一问题还是要回到历史中,这可能会给予我们一些启示。

百年来中国学人到底怎么对待汉学的。第一阶段,清末民初,汉学刚刚进入中国的时候，中国学人对外域外汉学是轻蔑，也有一定的褒奖。比如说钱玄同、梁启超、胡适都是一种轻蔑的态度，这是主流学界的态度。第二阶段，1920年以后中国学术界对外域外汉学一改此前的态度，他们认为对域外汉学中科学的方法、史料的搜集是特别值得学习的地方。第三阶段，有争议的阶段。这个阶段与民国时期相比绝对是一个不太重视域外汉学的阶段，但是这个阶段也有一点值得我们深思和反思的地方。这个时候中国学人主要是基于价值主体性展开评述。

新时代对待域外汉学，离不开中国学人的批判，如果不对域外汉学进行批判，作为中国人对待这个学术是不够格的。进行批判的同时有三点要注意，第一，加强与域外汉学的交流与对话。第二，以批判之姿对域外汉学做必要的审视。第三，应注重并坚守价值主体性，这样才能真正建构起我们自己的理论体系。

中国现当代文学研究在日本70年来的转变和新趋向（日本立命馆大学　阿部沙织）

日本作为中国一衣带水的邻国，保持着以汉学为本的学问传统。下面我介绍一下日本比较有权威的文学研究团体和学会以及进入本世纪以后的研究新趋向。

20世纪40年代活跃的学者还是“二战”前坚持反对日本侵略的一批人，1950年成立的现代中国学会，是现当代文学专家最多的一个学会。学会专家于50年代提出国民文学的概念，提出建立亚洲民主的国民文学，这种主张于2000年介绍到中国。50年代开始活跃的第二代中国现代文学专家成就很高，打下了日本中国现当代文学研究的基础。当时文学研究的热情还是来自对过去不幸历史的反思。进入60—70年代，因为“文化大革命”，现当代研究停滞了一段时间。值得一提的是这个时候建立了中国30年代文学研究会，培养了不少学者。70年代大阪方面成立了一个中国文艺研究会，目前会员有230名，这个数字等于日本国内中国现当代文学专家的数量。70年代中日关系有很大的发展，再加上改革开放政策，接下来的八九十年代出现的学者群都有中国留学的经验，从而加快了中日文学研究的交流。90年代有一个明显的现象，中国语言文学方面的研究论文剧增,我初步猜测可能和日本扩招研究生政策有关。

总结一下20世纪80年代以来的研究新趋势。第一,意识形态影响变弱,作家研究兴起,比如周作人、张爱玲等研究活跃起来了。第二,更关注文本外的背景、历史、社会因素的分析,让文本分析更立体化了。第三,研究对象的扩张。小说以外的文本,比如电影、戏剧、通俗文学、科幻小说研究也开始活跃了。还有信息化的发达使日本学界与中国、海外学界同步研究课题,分享研究成果,从而研究质量本身有所提高。

最后说一下中国现当代研究在日本面临的问题。选择中国现当代文学为专业的日本本科生越来越少,外国留学生在研究生中占的比例非常高。这说明高端人才的流失、本土人才的缺少会导致现当代文学领域的衰落,但是留学生又是日本中国文学研究界不可缺少的扩充部分,这个问题还是需要继续思考的。

罗马尼亚中国当代文学研究的新趋势与方法(罗马尼亚布加勒斯特大学 包心如)

罗马尼亚关于中国汉学的研究历史悠久,已经有差不多70年的历史了,布加勒斯特大学的教授和学者是主要的研究人员,长期以来他们做了大量的相关活动和工作,成为欧洲最专业的汉学研究机构之一。罗马尼亚汉学涵盖了多个知识领域和课题研究,通过专业的研究和卓越的翻译对中国语言学、中国哲学和中华文明作出了很多积极的贡献。近20年来,罗马尼亚汉学除了研究古典文本和理论之外,还将研究范围进一步扩展,开始更多关注中国当代文化的动态。

21世纪随着中国和罗马尼亚关系在新的历史条件下不断加强,罗马尼亚对中国文化和文学的接受方式、传播渠道以及艺术的审美观变得更加多元化。21世纪初是中国当代文学在罗马尼亚传播的转折点。2001年在布加勒斯特大学中文系的教授和学生的倡议下,在罗马尼亚一个在线杂志上设立了“罗马尼亚中国研究”的专栏,翻译并发表了第一篇中国当代文学。当时另外一个推广中国当代文学的重要途径是中国当代文学的课程,给罗马尼亚学生打开了中国先锋派和新现实主义的大门。中国当代文学的魅力使许多学生着迷,很多学生对中国当代文学进行研究和翻译，并为传播中国当代文学作出自己的贡献。对中国当代文学的第一层次理解，主要是由编辑和出版社根据商业和社会文化原因建立的。这里的例外是莫言的第一本罗版小说 *Dinu Luca*。2012 年莫言获得诺贝尔奖之后，关于中国当代文学的讨论、论坛在罗马尼亚越来越多。翻译成罗语的中文书籍和中国作家也越来越多。出版社最初唯一追求的商业利益得到了文化和教育利益的补充。为了证明文学与翻译是两国之间重要的交流与合作平台，2016 年中国担任布加勒斯特国际图书展的主宾国，2019 年中国请罗马尼亚做主宾国。

第二部分，我要说一下我们在研究上具体带来的创新点和新趋势。最近关于在罗马尼亚翻译中国文学和接受中国文学的研究著作开始出现。有一项非常有趣的研究，一位来自锡比乌大学的教授从跨科学的角度，对中国文学进行了研究。他关注的不只是翻译本身，还关注了翻译周围的因素，包括代理人和机构，从具体社会学问题发现翻译的功能和传播空间，以及围绕它们的政治和经济影响。他通过对翻译的定量研究指出了中国与罗马尼亚在文化、经济和政治上的关系变化，以及罗马尼亚读者和罗马尼亚对中国和中国文学的态度变化。这样的研究确实为人们提供了研究的新视角。

波黑汉语人才培养模式及其现状和发展（波黑东萨拉热窝大学卜雅娜）

首先强调两件最重要的事情。第一，波黑没有一个国家中央教育部，对汉语教学平台来说是一个很大的问题。第二，对汉语教学没有出台一个政策。现在开始说一下波黑的教育体系和汉语教学。

波黑教育体制符合国际教育体制标准，主要高校为萨拉热窝大学等。根据大学提供的数据，2017—2018 学年波黑的大学入学学生数量约 10 万人。萨拉热窝高等教育有着悠久的历史，萨拉热窝大学是波黑规模最大的高等学校，波黑第一所孔子学院就在萨拉热窝大学成立，为波黑学生提供了学习汉语、了解中华文化的机会。东萨拉热窝大学 2011 年建立了中英语言文学系，2015 年有了独立的汉学系。东萨拉热窝大学汉学系是最受欢迎专业。2018 年东萨拉热窝大学成立了中国研究所，该中心对两国文化交流作了一定的贡献。波黑于

2016年建立了汉语水平考试站,至今为止大约有100多名汉语水平考试参加者。

波黑汉语教学发展的问题,主要是师资和汉学家严重缺乏。自1992年波黑宣布独立以来,只有3名汉学家在国内外接受培训或者教育,专业翻译严重缺乏。汉语专业的毕业率也很低,我们需要改变这种现状,多培养专家。

哈萨克斯坦的中国研究现状和未来(哈萨克斯坦欧亚国立大学 库拉拉)

简单介绍一下哈萨克斯坦汉学的发展建设。Valikhanov对中国西部系统进行了研究,写了一篇作品,给哈萨克斯坦人了解中国是什么样的国家起到了很大的帮助。后来他去世了,研究就中断了。虽然在苏联时代有中国研究所,但在哈萨克斯坦境内没有设立相关部门,只有少数哈萨克斯坦人读了系统的汉语课程,但他们没有从事中国的研究。1958年一位哈萨克斯坦女士去北京大学读书,学的东方学专业,她今年81岁,已经写了100多部作品,发表的文章大部分是俄语的。哈萨克斯坦独立以后先后在几所大学成立了汉语教研室、中国研究中心,还开设了5所孔子学院,从事汉学研究的人不断增加。中国的研究前景,随着"一带一路"政策的进行吸引了一些年轻研究人员发表相关文章,翻译汉语书籍和资料也一直在进展中。中国强大的外交政策会影响周边国家,甚至影响世界,所以中国研究不会失去它的意义反而会日益重要。

哈萨克斯坦的中国研究存在的问题。第一,大多数成功的汉学家们都老年化了,缺少接班人。科研队伍需要提高质量和年轻化。第二,各个机构和研究所之间的合作不理想,没有大项目合作。第三,中国研究没有系统。所以要制订中长期发展计划,提高研究水平。中国研究离不开中国,研究者需要实地调查才能得到一手材料,有了一手资料才可以达到更完美的研究结果。中国和哈萨克斯坦需要互相合作,需要互派教师和学生来培养新一代研究者。

闭幕式致辞

中共上海市委宣传部副部长、市新闻出版局局长、第八届世界中国学论坛组织委员会副主任徐炯致辞

尊敬的各位来宾，来自海内外的各位专家学者、女士们、先生们：

大家下午好！

根据会议的安排，由我在本次大会闭幕式上作一个简短的会议总结，对此深感荣幸。我把第八届世界中国学论坛取得的诸多成绩，以及众多学者和与会者的想法概括为以下几点。

第一，相较于之前七届世界中国学论坛，本届论坛的规格有很大的提升，在论坛的筹备阶段就得到了中共中央宣传部和中共上海市委、市政府的大力支持和高度重视。昨天下午中共中央政治局委员、中央书记处书记、中宣部部长黄坤明同志，中共中央政治局委员、中共上海市委书记李强同志，中宣部副部长蒋建国同志和中共上海市委副书记、市长应勇同志，亲切会见出席论坛的国内外重要嘉宾，开幕式上黄坤明部长发表了“中国与世界：携手共创美好未来”的主旨演讲，李强书记为论坛作了精彩的致辞，从一个侧面很好地说明党和政府高度重视中国学研究、中国与国际社会广泛合作和交流，以及世界不同文明之间的交流与互鉴，中国智慧、中国经验和中国道路在世界范围内的价值和作用。

第二，本届世界中国学论坛与会学者更加广泛、更加多元，35 个国家和国际组织的 500 多名学者参加了开幕式和大会，正式的参会学者有 350 多名，包括国外的与会学者 150 多名，国内的学者 200 多名。学者们来自世界各大洲，不仅有欧美国家和东南亚各国，还有很多来自中东、南亚、拉美等各国的学者；不仅有国际知名的中国学研究学者，还有刚刚涉足中国学研究领域的青年才俊，这些都表明对中国发展的研究正在全球范围内引起广泛重视。国际社会开始形成中国学研究的热潮，中外思想学术文化方面的交流更加广泛、更加频繁。

第三,本届世界中国学论坛主题紧扣中国发展的时代脉搏,具有鲜明的时代特色,论坛主题“中国与世界:70 年的历程”,考虑到今年是中国发展的特殊年份,就是正逢中华人民共和国成立 70 周年,确定这样的主题一方面要回顾和总结中国共产党引领广大中国人民为民族复兴、国家富强奋斗的历程和经验,另一方面需要强调新中国 70 年的发展,在集中精力办好中国自己事情的同时,中国也为世界作出了较大的贡献。中国有今天的成就,立足点是中国人民的艰苦奋斗,真抓实干,在这个过程中给世界各国人民创造了共同发展的机遇。中国的改革与世界各国的利益紧密相连,互惠互利,在这一点上党和政府与知识界有着高度共识,因此在特殊年份的特殊时点,召开本届世界中国学论坛,可以说恰逢其时。新中国 70 年是一个历史的节点,更是一个崭新的起点,立足于 70 年锤炼而出的中国智慧、中国经验和中国道路,可以让我们更好地思考在百年未有之大变局下,中国和世界走向何方,全人类如何才能维护好、发展好彼此命运密切相关的共同体。

第四,本届论坛不仅内容非常广泛,而且具有很强的创新性,刚才上海社会科学院王振副院长,对两个专场、6 个圆桌的发言和讨论作了非常好的概括,可以看到论坛期间,专家学者们围绕政治、经济、文化、历史、社会、国际关系等各个领域作了非常深入的讨论,提出了很多深具创新性、启发性的观点,值得我们各方面,包括党和政府以及全社会予以高度重视。比如来自牛津大学的阿兰·哈德逊教授指出,人类近代历史上,只有在 19 世纪 70 年代到 20 世纪中期存在英美之间霸权竞争和转移,现在中美之间的关系不能套用英美之间的模式,因为中美两国在货币储备、人口结构、文化软实力、价值体系和生产力状况方面都与以往不同。中美两国的关系目前出现了不和谐的杂音,国际社会非常担忧,中美关系会受到更多负面因素冲击。哈德逊教授的观点为我们看待中美关系现状和未来提供了非常独到、非常有价值的视角。又比如南京大学的刘志彪教授认为,在中美贸易摩擦大背景下,中国国内强大市场是中国未来发展的巨大优势,也是中国在新时代可以充分利用的重要战略资源,既可以用来服务于经济全球化战略的转换,也可以用于促进创新性国家的建设,还可以作为实现全面小康和基本现代化战略的重要手段和工具。基于此,他提出中国必须进行深层次结构性改革。目前中国确实面临着经济下行的风险,各界也开始担忧中国能否继续长期保持中高速经济增长,能否继续成为世界经济的强力引擎,刘教授提出的观点为中国经济转型和扩大内需提供了非常有意义的见解。他提出不少措施非常契合中国政府目前经济发展长远策略，也为坚定社会各界，乃至国际社会对中国经济发展的信心提供了理论支撑。

第五，这一届的世界中国学论坛，社会舆论和媒体一如既往地给予了高度关注，36 家中国和海外新闻媒体，对会议作了广泛的采访和报道，其中既有传统媒体，也有新媒体。在大会现场和分组讨论的时候，经常碰到一些学者被记者请到外面接受采访，这表明在中国乃至在世界上的很多人，都关心参加本次论坛的专家学者在上海说了什么，对中国和世界的发展提出了什么新的见解和建议。通过新闻媒体的报道，本届中国学论坛社会影响力进一步扩大，在这里借此机会对参与报道本次论坛各项活动的各家新闻媒体深表感谢。

第六，本届论坛工作机制不断创新和发展。世界中国学论坛创办至今已经有 16 年了，工作机制不断地多样化，形式更加富有创造性。本届中国学论坛继续设立了中国学贡献奖，有 4 位享誉国际的中国学研究者获得殊荣，中国学贡献奖也在海内外确立了良好的声誉。此外，本届论坛首次设立了“一带一路”上海论坛和青年汉学家上海论坛两个专场，一是为了响应国际社会上正在热议的“一带一路”倡议，为参与“一带一路”倡议的国家的发展献计献策；二是为世界各国研究中国的青年学者，提供更高层次的学术舞台，也推动世界中国学走向更高的同时也更加年轻、更具活力。回顾本届论坛，时间更加紧凑，因为这次只有一天半，但是效果更好，影响更大。论坛的成功举办，在于专家学者们精彩的发言和精彩的意见，在这里我要代表本届论坛的组委会，首先向参加本次大会的世界各国的学者、朋友们表示衷心感谢！很多海外的学者不顾工作繁忙，旅途劳顿，不远万里来到上海参加论坛，关心中国的发展。尤其让我们感动的是有些朋友不顾年迈前来与会，为中国学研究和发展一如既往地贡献力量。我也要衷心地感谢来自中国各地、各个单位的学者朋友们，他们不顾秋季开学的繁忙，抽出时间共同对世界发出中国的声音，讲好中国的故事。没有诸位的帮助，办不成也办不好这次引人瞩目的会议。

本届论坛的成功举办也离不开广大会务工作者辛勤付出，离不开各个方面的大力支持和配合，尤其要感谢上海市新闻办、上海社会科学院以及世界中国学研究所全体科研人员和行政人员，还要感谢上海国际会议中心东方滨江酒店、洲际酒店等为我们提供了良好的服务保障，还有上海市的各个单位在医疗、卫生、交通、机场服务等方面，给我们提供的帮助和服务。他们是这次会议得以成功举办的幕后英雄，我们不能忘记。还要感谢为这次会议提供同传的翻译公司和专业人员，没有他们的协助和付出，本届论坛的跨文化交流会发生很大的障碍。同时衷心地感谢在会场内外提供服务的学生志愿者们，他们活跃在会场的各个角落，为与会者提供了必不可少的帮助，在这里我要代表大家说一句：同学们，你们辛苦了！

最后请允许我衷心地祝愿各位专家学者归途顺利愉快，身体健康！未来有更多更好的中国学的成果跟大家分享。我们也期盼着在两年以后就是 2021 年世界中国学论坛上，跟各位朋友再聚上海，谢谢大家！

后　　记

第八届世界中国学论坛实录为上海社科院创新工程“世界中国学论坛成果智库转化平台”的系列成果之一，它是本团队成员集体整理和劳动的结晶。参加编辑和文字整理的成员均来自世界中国学研究所，最后统稿由乔兆红完成。在整理与统稿的过程中，为体现“实录”的特点，我们保留了各位专家学者在论坛演讲时的口语化特征，有些内容也会因为会场记录的原因而有所简略。如果有错误的地方，那一定是我们整理者的疏忽，恳请专家学者与读者指正。

具体分工如下：开幕式致辞、大会演讲和闭幕式致辞：乔兆红；第一圆桌议题：熊务丰；第二圆桌议题、第二专场：秦岭；第三、第六圆桌议题：马蕾；第四、第五圆桌议题：耿勇；第一专场：田蕊。

图书在版编目(CIP)数据

中国与世界 ：70 年的历程 ：第八届世界中国学论坛实录 / 乔兆红编 .— 上海 ：上海社会科学院出版社，2021

ISBN 978 - 7 - 5520 - 3628 - 2

Ⅰ. ①中… Ⅱ. ①乔… Ⅲ. ①中国学—文集 Ⅳ. ①K207.8 - 53

中国版本图书馆 CIP 数据核字(2021)第 144172 号

中国与世界:70 年的历程——第八届世界中国学论坛实录

编　　者: 乔兆红
出 品 人: 佘　凌
责任编辑: 陈如江
封面设计: 周清华
出版发行: 上海社会科学院出版社
　　　　　上海顺昌路 622 号　邮编 200025
　　　　　电话总机 021 - 63315947　销售热线 021 - 53063735
　　　　　http://www.sassp.cn　E-mail:sassp@sassp.cn
照　　排: 南京理工出版信息技术有限公司
印　　刷: 上海颛辉印刷厂有限公司
开　　本: 710 毫米×1010 毫米　1/16
印　　张: 13.75
插　　页: 1
字　　数: 225 千
版　　次: 2021 年 9 月第 1 版　2021 年 9 月第 1 次印刷

ISBN 978 - 7 - 5520 - 3628 - 2/K·618　　定价:78.00 元